JACKY MALINA

EINFACH. Schnell. SCHLANK.

ÜBER 80 KALORIENARME REZEPTE
ZUM GENIESSEN

südwest

Inhalt

Vorwort

Kneif mich mal einer ... mein Traum wird wahr!

Während ich diese Zeilen schreibe, kann ich immer noch kaum fassen, dass mein lang ersehnter Traum nun endlich in Erfüllung geht – ein eigenes Kochbuch! Niemals hätte ich damit gerechnet, wirklich einmal ein Buch mit eigenen Rezepten schreiben zu werden, war ich früher doch kochfaul und wusste nicht einmal, wie lange Reis wirklich kochen muss, bis er gar ist.

Erst mit dem Start zu meiner Gewichtsabnahme begann ich, mich mit einer gesunden und ausgewogenen Ernährung und dadurch auch mit den verschiedenen Lebensmitteln auseinanderzusetzen. Heute verbringe ich sehr viel Zeit in der Küche, bin experimentierfreudig und tue beides für mein Leben gern.

Stressfrei. Simpel. Saisonal.

Trotz meiner Experimentierfreude vereint meine Rezepte, dass sie alle schnell und einfach gemacht sind, sie kommen ohne Schnickschnack aus. Keine unbekannten Zutaten werden benötigt, ich arbeite ausschließlich mit Lebensmitteln, die es in jedem Supermarkt oder beim Bauern in der Region zu kaufen gibt. Mein Küchenmotto lautet: »Ich nehme nur Lebensmittel, die auch Oma schon kannte.« Bei meinen Rezepten habe ich mich zum Großteil für Zutaten aus den verschiedenen Jahreszeiten entschieden, um euch die saisonale Küche etwas näherbringen zu können. Zu Beginn meiner Abnahme, als ich noch keine Ahnung vom Kochen hatte, wusste ich nämlich zum Teil noch nicht einmal, welches Obst und Gemüse wann Saison hat, geschweige denn, was man aus den unterschiedlichen Sorten Leckeres zaubern kann.

Meine Rezepte habe ich überwiegend für die stressfreie schnelle Feierabendküche entwickelt, sie zielen auf eine langfristig ausgewogene und gesunde Ernährung ab. Mit ihnen kann man sowohl gesund und ohne Verzicht abnehmen als auch sein Wunschgewicht problemlos halten.

Humor ist, wenn man trotzdem lacht

Natürlich gab es während der Rezeptentwicklung für mein Kochbuch auch das eine oder andere Malheur, bei dem ich jedoch meistens schmunzeln musste. Einmal ist mir eine ganze Packung Mehl auf den Boden gefallen und, von der Schweinerei einmal abgesehen, musste ich extra wieder los, weil es die letzte Tüte im Vorratsschrank gewesen war. Ein anderes Mal habe ich erst nach dem Backen festgestellt, dass ich anstelle von Süße leider Salz für den Teig verwendet hatte. Aber das Allerbeste war, als ich ein Gericht am selben Tag versehentlich zweimal gekocht habe – das war einer der Tage gewesen, an dem ich für das Buch hatte fotografieren dürfen. Na ja, doppelt hält bekanntlich besser, ich nahm es als Zeichen dafür, dass es dringend Zeit zum Feierabendmachen war, und hatte anschließend die luxuriöse Qual der Bildauswahl.

Sämtliche Rezepte habe ich zweimal nachgekocht oder nachgebacken und kann ihnen somit einen »Gelingsicher-Stempel« verleihen. Diejenigen, die meine bisherigen Rezepte vom Blog kennen, wissen auch, dass sie einfach und unkompliziert sind. Auch bei diesen exklusiven Rezepten für das Kochbuch bin ich meinem Kochstil treu geblieben, sodass ihr einfach nur etwas Zeit, Hunger und eventuell das eine oder andere Küchenutensil benötigt, um direkt zu starten.

Ich wünsche euch ganz viel Spaß beim Zubereiten meiner Rezepte, lasst es euch schmecken! Und wenn ihr möchtet, könnt ihr mir gerne eine Mail oder eine Nachricht auf meinem Instagram-Kanal schicken, um zu berichten, wie es euch geschmeckt hat.

Eure

Jacky Malina

4

Meine Geschichte

Ich heiße Jacqueline, wobei mich alle »Jacky« nennen, bin ein Kind der 90er und gebürtige Mülheimerin mit polnischen Wurzeln.

Seit sechs Jahren wohne ich mit meinem Verlobten Marcel sowie unseren beiden Vierbeinern Chicco und Eddy im Ruhrgebiet. Und genau hier befindet sich auch meine kreative Werkstatt, die Küche. Hier wird experimentiert, getestet, gekocht – übrigens auch für die Hunde – und gebacken. Über die letzten Jahre sind inzwischen schon etliche Rezepte entstanden. Ich liebe es, mich kulinarisch auszutoben und dabei Salsa-Musik zu hören. Mit guter Musik macht das Kochen und Backen gleich doppelt so viel Spaß und gute Laune ist auch garantiert.

Vor knapp vier Jahren sah das allerdings noch ganz anders aus und Kochen gehörte damals noch nicht zu meinem Alltag. Die Zubereitung herzhafter und süßer Gerichte mit frischen, saisonalen Zutaten war mir eher fremd. Stattdessen griff ich regelmäßig zu Fertigprodukten oder Fast Food. Was eigentlich dem widersprach, wie ich aufgewachsen bin. Denn meine Mutter und Großmutter sind bis heute leidenschaftliche Hobby-Köchinnen und wenn die beiden etwas zaubern, dann könnte ich mich hineinlegen. Ihr Essen ist köstlich und eine wahre Kunst für mich. Schon als kleines Kind schaute ich ihnen immer wieder über die Schulter und staunte darüber, wie toll die beiden kochten. Ich selbst war jedoch zu faul und hatte keine Lust, mich wie meine Oma stundenlang in die Küche zu stellen, vor allem nicht nach Feierabend. So fing ich erst gar nicht damit an, selbst frisch zu kochen.

Im Jahr 2015 bin ich zu meinem heutigen Arbeitgeber gewechselt und lernte dort auch kurze Zeit später Marcel kennen. In meinem Betrieb gibt es einen Snackautomaten, einen Brötchen-Lieferdienst, eine Pommesbude in der Nähe, einen Eismann, der von April bis Oktober kommt, sowie viele nette, spendable Arbeitskolleginnen und -kollegen. Da ich in einem Großraumbüro sitze, gibt es oft die Situation, dass jemand Essen mitbringt. Seien es die Reste der Geburtstagsfeier vom Vortag oder Süßigkeiten, die zu Hause niemand isst. Hinzu kam, dass Marcel und ich oft auswärts essen gingen. Zum damaligen Zeitpunkt, also 2015, fiel es mir in jeglicher Hinsicht schwer, »Nein« zu sagen, und das bescherte mir knapp anderthalb Jahre später über 25 Kilo mehr auf den Hüften.

Startschuss in ein neues Leben

2017 waren Marcel und ich im Sommer auf Kos, in einem wunderschönen Hotel direkt an einem weißen Sandstrand. Wir hatten einen tollen und unvergesslichen Urlaub, im wahrsten Sinne des Wortes. Denn wieder zu Hause angekommen, schaute ich mir unsere Urlaubsbilder an und erschrak. Auf den Fotos sah ich mich mit viel zu vielen Kilos, dunklen Augenringen und unreiner Haut. Ich erkannte in mir eine junge Frau, die mit gerade einmal 24 Jahren völlig ungesund aussah, Gelenkschmerzen hatte und sich nur noch schwarz kleidete, um ihr Äußeres vor anderen zu verstecken. In diesem Moment machte es klick in meinem Kopf. So sollte und konnte es nicht mehr weitergehen! Das war der Startschuss für meine erste Crash-Diät und ich stolperte in der Folge von einer Diät zur nächsten. Sie alle scheiterten und anschließend hatte ich zusätzlich mit dem Jo-Jo-Effekt zu kämpfen. In den meisten Fällen saßen wenige Wochen später mehr Kilos auf meinen Hüften als vor der Diät. Eine andere Lösung musste her, und ich entschied mich für eine langfristige, gesunde und ausgewogene Ernährungsumstellung weg von ungesunden Crash-Diäten. Auf eine Empfehlung hin (vielen Dank an dieser Stelle an meine Schwiegermutter) besuchte ich ein Weight Watchers®-Treffen in meiner Nähe. Noch am selben Abend meldete ich mich dort an und startete zu meiner großartigen Abnehm-Reise.

Ich suchte ganz viele Rezepte heraus und ging gleich am nächsten Morgen schnell alle nötigen Zu-

6

2016 → heute :-)

taten einkaufen. Die ersten Tage hielt ich mich in der Küche tapfer über Wasser, kochte nach Rezept und die ersten Pfunde purzelten auch. Nach Rezepten anderer zu kochen, stellte sich jedoch nicht als das Wahre für mich heraus, da ich ständig Sachen abänderte und merkte, wie mir die neue Lust auf das Kochen ebenso rasch wieder zu vergehen drohte. Der Grund dafür war, dass ich zu komplizierte und schwere Rezepte mit zu vielen Zutaten herausgesucht hatte. Also musste Plan B her: Wenige Tage später ging ich erneut in den Supermarkt und nahm mir dieses Mal ganz viel Zeit, vor allem in der Obst- und Gemüseabteilung. Ich ließ mich inspirieren und kaufte ein paar Obst- und Gemüsesorten sowie Lebensmittel, die ich noch nicht kannte. Zu Hause überlegte ich und stöberte im Internet, was ich damit machen konnte.

Kochen macht eben doch Spaß

In den darauffolgenden Tagen verarbeitete ich die neuen Lebensmittel und zauberte mit etwas Kreativität ganz viele leckere Gerichte. Es war ein grandioses Gefühl, etwas zu essen, das ich selbst gekocht hatte, obwohl ich von mir selbst gedacht hatte, das gar nicht zu können. Ich war richtig stolz auf mich und Marcel schmeckte es auch. Immer wieder probierte ich in den darauffolgenden Wochen neue Lebensmittel und Kombinationen aus. Das Kochen machte mir von Tag zu Tag immer mehr Spaß und irgendwann begann ich darüber hinaus, mein Essen auch nett anzurichten. Ganz nach dem Motto »Das Auge isst mit«.

7

Ich notierte meine Rezepte und dokumentierte die Gerichte für mich selbst auf Fotos, bis Marcel mir eines Tages vorschlug, die Bilder auf einer Plattform hochzuladen. Die Idee fand ich klasse, und noch am selben Tag meldete ich mich auf Instagram an. Dort begann ich, meine Gerichte samt Rezepten zu teilen und über meinen Abnehm-Weg zu berichten. Sehr schnell kamen mehr und mehr Fans sowie Gleichgesinnte dazu – wer schaut sich nicht gerne gutes Essen an? –, mein Spaß wuchs weiter und ich begann, täglich neue Rezepte zu entwickeln. Seit 2019 betreibe ich unter www.jackymalina.com zudem einen eigenen Blog.

Nie hätte ich gedacht, dass ich so viele tolle Menschen kennenlernen und der Instagram-Kanal »Jacky Malina« sich so stark entwickeln würde, als ich damals die App installierte. Tagtäglich erhalte ich eine Vielzahl an Nachrichten, die mich immer wieder neu motivieren, weiterzumachen und sowohl meine Erfahrungen als auch meine Rezepte zu teilen. Es ist ein tolles Gefühl, anderen Menschen so helfen und Tipps geben zu können. Ich habe nach wie vor enorm viel Spaß daran, neue Rezepte zu kreieren in dem Wissen, dass diese auch nachgekocht und ausprobiert werden. Vor allem freue ich mich immer sehr über Feedback und die Zusendung von Bildern meiner Leser und Zuschauer. Es ist schön, wenn ich andere Menschen dazu anregen kann, selbst zu kochen und sich gesünder zu ernähren.

Kochen ist eines meiner größten Hobbys geworden und ich esse inzwischen ausgewogen und bunt. Je bunter die Gerichte auf meinem Teller sind, desto besser. Bis auf Rosinen und Ananas mag ich heutzutage alles.

Alles geht, nichts muss

Eines ist trotzdem wichtig: Ich verbiete mir auch heute grundsätzlich nichts! Hin und wieder gehe ich immer noch gerne auswärts essen, koche jedoch am allerliebsten selbst und frisch, da ich dann genau weiß, was drin ist im Essen, und mir meine eigenen Kreationen – ehrlich gestanden – häufig am allerbesten schmecken. Mir hilft es enorm, wenn ich mir nichts verbiete, denn so umgehe ich auch Rückschläge. Wenn ich weiß, dass ich etwas nicht darf, dann möchte ich es erst recht haben oder tun. Mit der Zeit habe ich gelernt, dass in eine gesunde und ausgewogene Ernährung auch hin und wieder zum Beispiel eine Pizza hineinpasst. Solange der Rest stimmt, ist auswärts zu essen oder einen Schokoriegel zu snacken vollkommen okay.

Marcels Unterstützung während meiner Abnahme war für mich natürlich eine große Hilfe und absolut nicht selbstverständlich. Ich bin froh, jemanden zu haben, dem ich immer erzählen kann, wie ich mich gerade fühle oder was in mir vorgeht. An dieser Stelle kann ich nur jedem empfehlen, mit anderen zu sprechen. In Situationen des Unwohlseins oder der Unsicherheit, wie man mit Rückschlägen, Heißhunger oder bestimmten Situationen umgehen soll, hilft es meist, darüber zu sprechen. Sei es mit den Eltern, dem Partner beziehungsweise der Partnerin, der besten Freundin, Vertrauten oder Gleichgesinnten. Heutzutage gibt es so viele Möglichkeiten zum Austausch, vor allem über die sozialen Medien. Es kann enorm hilfreich sein, mit anderen in Kontakt zu treten, und vielleicht hat der eine oder die andere auch noch einen guten Tipp parat.

Ich habe 28 Kilo abgenommen, ohne Verzicht und Hunger, und somit auch mein Wunschgewicht erreicht.

Nach vielen gescheiterten Diäten ist mir endlich bewusst, was es heißt, sich gesund und ausgewogen zu ernähren, und dass Verzicht und Crash-Diäten mich nicht weiterbringen. Während meiner Abnahme habe ich viele Dinge gelernt, neue Lebensmittel entdeckt und ein neues Hobby, das Kochen, für mich gefunden. Nachdem ich meinen grünen BMI-Bereich erreicht hatte, habe ich mich parallel zu meinem Hauptjob zur Fachfrau für Gewichts- und Ernährungsmanagement ausbilden lassen und Kurse gegeben. Jede Woche dienstags und mittwochs habe ich in diesen Kursen Menschen auf ihrem Abnehm-Weg begleitet.

Sport macht wieder Spaß

In den vergangenen knapp drei Jahren hat sich nicht nur meine Ernährung, sondern auch mein Körpergefühl verändert. Für ein gutes Körpergefühl ist allerdings nicht nur die richtige Ernährung wichtig, untrennbar damit verbunden sind für mich Bewegung und Sport. Wobei ich schon als Kind gerne Sport gemacht und mich bewegt habe. Ich besuchte eine Tanzschule und tanzte Streetdance, ein paar Jahre später konnte ich mich beim Taekwondo unter Beweis stellen und zu guter Letzt war ich über einige Jahre im Boxverein aktiv. Mit Beginn meiner Ausbildung lagen die Arbeitszeiten leider so ungünstig, dass ich nicht mehr im Verein trainieren konnte, also meldete ich mich im Fitnessstudio an. Über vier Jahre lang trainierte ich fleißig und erzielte auch tolle Erfolge. Der Arbeitgeberwechsel 2015 brachte allerdings einen Umzug mit sich, die Besuche im Fitnessstudio wurden weniger und die Kilos dafür mehr.

Nach meiner Ernährungsumstellung und den ersten zehn verlorenen Kilos fing der Sport wieder an, Spaß zu machen – bis heute ist das so geblieben. Ich versuche täglich, mein persönliches Schrittziel von 10 000 zu erreichen. Außerdem powere ich mich dreimal die Woche im eigenen kleinen Fitnessraum aus. Mit Sport und Bewegung fühle ich mich mental einfach besser und merke, dass es meinem Körper ebenfalls guttut.

Endlich habe ich einen Weg gefunden, mich in meinem Körper rundum wohlfühlen zu können. Auch wenn sich über die Weihnachtsfeiertage zum Beispiel das eine oder andere Kilo wieder auf die Hüften schleicht, gehe ich heutzutage ganz anders und viel entspannter damit um als noch vor vier Jahren. Ich weiß nun, dass langfristig gesehen eine ausgewogene und gesunde Ernährung für mich viel mehr Sinn macht als eine Crash-Diät. Meine Gesundheit wird mir die Umsetzung dieses Wissens langfristig danken und durch die Ernährungsumstellung habe ich viel mehr Verständnis gegenüber dem Thema insgesamt entwickelt. Es ist schön, wieder bunte Kleider zu tragen und sich nicht in schwarzen Säcken zu verstecken. Auch wenn der Anfang schwer war, hat es sich gelohnt, am Ball zu bleiben. Jeder kleine Rückschlag hat mich stärker gemacht und mich dort hingebracht, wo ich nun bin. Ich habe es geschafft, weil ich an mich und an mein »Warum« geglaubt habe.

Nicht ohne Meal Prep und Wochenplan

Seit Anfang 2019 gibt es für mich bei der Arbeit in der Pause nur noch eigene Meal Preps. Meal Prep heißt nichts anderes, als sein Essen für die Arbeit vorbereitet mitzunehmen. Mir fällt es so leichter, mich gesünder zu ernähren, und ich lasse mich von den ganzen Schlemmereien auf der Arbeit nicht mehr so leicht ablenken. Übrigens habe ich immer große Freude daran, wenn mich meine Arbeitskollegen mit verlänglichen Blicken auf meine köstlich gefüllte Lunchbox ansprechen.

Zu Beginn meiner Gewichtsreduktion kreisten meine Gedanken jeden Tag ausschließlich um das Thema Essen. Das beschäftigte mich sehr und war eine zusätzliche Belastung für mich. Aus diesem Grund habe ich Mitte 2019 damit begonnen, einen kulinarischen Wochenplan zu schreiben. Genaueres dazu erfahrt ihr ab Seite 18.

Was wichtig ist zu wissen

Abgewogen und gezählt … zu zweit isst man nicht allein

Abgesehen von einigen Gebäckstücken sind alle Rezepte auf **zwei Portionen** ausgelegt, sodass eine zweite Portion für euren Partner beziehungsweise eure Partnerin oder direkt für den nächsten Tag übrig bleibt. Die allermeisten Gerichte könnt ihr auch einfrieren, sodass ihr an Tagen mit wenig Zeit oder Lust zum Kochen immer etwas Gutes in Reserve habt und das Gericht einfach nur auftauen und warm machen müsst.

Die Mengenangaben in der Zutatenliste für Reis, Nudeln und Kartoffeln beziehen sich auf die **rohe Ware**. Werden beispielsweise geschälte Kartoffeln verwendet, dann bezieht sich die Grammangabe in der Zutatenliste auf das Gewicht der rohen und geschälten Kartoffeln.

Eine oder mehrere **Zutaten auszutauschen**, ist meistens kein Problem. In vielen Rezepten serviere ich euch in meinen Tipps mögliche Alternativen direkt mit. Nur vergesst beim Austausch nicht, dass sich damit im Zweifel auch die Nährwerte ändern. Bei der Neuberechnung helfen zum Beispiel **Kalorien-zähl-Apps**, die ihr einfach auf eurem Smartphone installiert. So habt ihr euren Kalorienzähler stets griffbereit.

Die Rezepte in diesem Buch eigenen sich auch für diejenigen, die mit WW® abnehmen möchten. Wenn ihr Fragen dazu habt, könnt ihr mir gerne eine E-Mail an **kontakt@jackymalina.com** schreiben. Ihr habt auch immer die Möglichkeit, die Rezepte in die WW® App einzugeben und euch dort die Punkte ausrechnen zu lassen.

Gestempelt und markiert

Haltet nach dem »Blog-Liebling«-Stempel Ausschau. Er zeichnet die Lieblingsrezepte meiner Community aus – wer sie noch nicht kennt, sollte sie unbedingt einmal testen.

Bei jedem Gericht findet ihr oben ein Fähnchen, das die Tageszeit sowie besondere Eigenschaften des jeweiligen Rezepts zusammenfasst. Es soll euch im Rezeptedschungel eine Orientierungshilfe bieten. Hier habe ich überlegt, was meinen Lesern eine wichtige Entscheidungshilfe für die Auswahl sein könnte.

Meal Prep: Diese Rezepte lassen sich hervorragend vorbereiten, um sie am nächsten oder übernächsten Tag mit zur Arbeit oder Schule zu nehmen. Hierzu eine luftdichte Lunchbox verwenden und das Essen im Kühlschrank aufbewahren.

Vegan: Dieses Rezept ist komplett vegan und enthält keinerlei tierische Produkte. Wer sich nicht vegan ernährt, kann natürlich auch andere Zutaten verwenden oder ergänzen.

Proteinbombe: Diese Rezepte sind für alle, die sich eiweißreich ernähren möchten. Das Icon zeichnet alle Rezepte aus, deren Eiweißgehalt bei 25 Gramm oder höher liegt.

Sattmacher: Gerichte, die dieses Icon tragen, halten uns schön satt und der nächste Hunger muss etwas länger warten.

Zuckerschnute: Rezepte mit diesem Icon sind den vielen Fans der süßen Versuchungen gewidmet. Doch keine Sorge, hier lautet das Motto: »Süßes ohne Sünde.« Mithilfe von Zuckerersatzstoffen (mehr dazu auf den Seiten 12 und 13) schlagen wir den kleinen Kalorienmonstern ein Schnippchen.

Ruckzuck: Das ist mein Icon für die besonders schnelle Küche. Die mit ihm markierten Gerichte brauchen in der Zubereitung nicht mehr als 30 Minuten und sind somit vor allem hervorragend für die Feierabendküche geeignet.

Es muss nicht immer fett sein … Milchprodukte im Check

Wie oben schon erwähnt, können grundsätzlich viele Produkte in meinen Rezepten durch andere ausgetauscht werden, zum Beispiel wenn ihr eine bestimmte Zutat gerade nicht daheim habt oder aber nicht so sehr auf die schlanke Linie achten müsst. Werden die Zutaten in den Rezepten durch Lebensmittel mit mehr Kalorien ersetzt, verändern sich die Nährwertangaben und sie müssen bei Bedarf neu berechnet werden.

Gerade bei Milchprodukten ist es manchmal gar nicht so einfach, den Überblick über die unterschiedlichen Fettstufen zu behalten. Darum habe ich die Produkte, die ich gerne für meine Rezepte verwende, sowie ihre unterschiedlich fetten und/oder veganen Alternativen jeweils mit dem Fettgehalt in Prozent in der folgenden Tabelle übersichtlich zusammengestellt. In den Zutatenlisten eines jeden Rezepts findet ihr hinter den Milchprodukten einen Seitenverweis auf diese Tabelle, damit ihr schnell den Fettgehalt des von mir verwendeten Produkts sowie der genannten Alternativen nachschlagen könnt.

MILCH UND SAHNE	FRISCHKÄSE, QUARK UND JOGHURT	BUTTER UND KÄSE
Vollmilch: 3,5–3,8 %	Frischkäse: 50–60 %	Vollfettbutter: 80–90 %
fettarme Milch: 0,1–1,5 %	Frischkäse light: 0,2 %	Halbfettbutter: 39 %
Mandeldrink ungesüßt: ca.1 %	Ricotta: 13 %	Vollfettmargarine: 80–90 %
Kokosmilch: 20 %	Skyr: 0,2 %	Halbfettmargarine: 39 %
Kokosmilch light: 12 %	Speisequark: 20–40 %	Gouda oder Emmentaler: 45–48 %
Sahne: 20–40 %	Magerquark: unter 10 %	Gouda oder Emmentaler light: 17 %
Creme zum Aufschlagen, z. B. Cremefine: 19 %	griechischer Joghurt: 2–10 %	Mozzarella: 40 %
Kochsahne: 20–40 %	Vollmilchjoghurt: 3,5–3,8 %	Feta: 21 %
Soja-Kochcreme light: 4,7 %	fettarmer Joghurt mild: 1,5 %	Feta light: 9 %
Crème fraîche: 24–28 %	Magermilchjoghurt: 0,1 %	Schafskäse: 43–48 %
Crème légère: 15 %	Kokosjoghurt: ca. 7 %	Schafskäse light: 15 %
Schmand: 24 %	Sojajoghurt: ca. 2 %	Grana Padano: 29 %
saure Sahne: 10 %		Reibekäse light: 16 %
		veganer Reibekäse: ca. 23 %

Heute back ich, morgen brat ich ... ohne Fett

Ich persönlich verwende zum Backen eigentlich immer Silikonformen, da das Einfetten entfällt und ich so die Kalorien für das zusätzliche Fett einspare. Darüber hinaus lassen sich Muffins beziehungsweise Kuchen ganz praktisch auch noch besser aus der Silikonform lösen.

Zum Braten benutze ich grundsätzlich eine Gusspfanne mit Diamant-Versiegelung – so kann ich theoretisch alles ohne die Zugabe von Bratfett zubereiten. Generell empfehle ich zum (fettfreien) Braten eine gut beschichtete Pfanne. Fisch, Fleisch und Gemüse brate ich allerdings immer mit Öl, da diese dann eine knusprige Hülle bekommen.

Vor allem für Gemüse, das die fettlöslichen Vitamine A, D, E und K enthalten, sollte Öl verwendet werden. Pancakes, Rührei und Omelett bereite ich dagegen immer ohne Fett zu.

Süßen ohne Sünde ... Zuckeralternativen

Damit, dass Süßes nur zu gerne auf die Hüften schlägt und in zu großen Mengen genossen auch nicht gesund ist, verrate ich euch kein Geheimnis. Wie gut, dass die Auswahl an Zuckeralternativen immer größer wird.

Ich selbst verwende größtenteils Xylit oder Erythrit, die beide aus nachwachsenden Rohstoffen gewonnen werden. Xylit wird aus Pflanzenfasern hergestellt, Erythrit entsteht mittels Fermentation der aus Maisstärke gewonnenen Glukose. Beide Zuckeralternativen sind für Diabetiker geeignet und zahnfreundlich. Sowohl Erythrit als auch Xylit kann man im Blitzhacker oder in der Küchenmaschine fein mahlen und erhält eine Art Puderzucker.

Der Unterschied zwischen Xylit und Erythrit ist, dass Xylit die gleiche Süßkraft besitzt wie herkömmlicher Haushaltszucker und sehr ähnlich schmeckt, dabei aber 40 Prozent weniger Kalorien hat. Erythrit süßt mit dem Faktor 0,7 nicht ganz so stark wie Zucker, was bedeutet, dass man bei seiner Verwendung die Zuckermengen umrechnen muss. Hier kann man sich Folgendes merken: *Zuckermenge in g × 1,3 = Erythritmenge.*

Somit wären es bei 100 Gramm Zucker entsprechend 130 Gramm Erythrit, um dieselbe Süßkraft zu erreichen.

Erythrit hat einen kühlen Nachgeschmack, punktet allerdings auch mit null Kalorien. Bereite ich einen Hefeteig zu, benutze ich ausschließlich Xylit, da Erythrit ihn austrocknen würde.

Honig, Agavendicksaft, Reissirup, Kokosblütensirup oder Dattelsirup sind natürliche Zuckeralternativen, jedoch nicht kalorienarm beziehungsweise kalorienfrei. Bis auf den Honig sind diese natürlichen Süßungsmittel übrigens vegan. Agavendicksaft schmeckt etwas süßer als Honig, hat eine zarte Karamellnote und eignet sich vor allem für flüssige Speisen, da er gut löslich ist. Reissirup ist weniger süß als Honig, schmeckt leicht nussig und hat ebenfalls eine Karamellnote. Je länger er steht und je dunkler er wird, desto intensiver wird sein Aroma. Kokosblütensirup schmeckt zart fruchtig und ganz leicht nach Karamell. Dattelsirup ist honigsüß. Als Alternative zum Dattelsirup können auch frische beziehungsweise getrocknete Datteln zum Süßen verwendet werden. Die Datteln dafür ganz klein hacken, im Mixer pürieren oder einfach mit einer Gabel zerdrücken.

Auch flüssiger Süßstoff oder Stevia versüßen euer Essen, haben aber eine hochkonzentrierte Süßkraft und schmecken, wie ich finde, recht künstlich. Stevia ist ein aus der gleichnamigen Pflanze unter Einsatz chemischer Prozesse gewonnenes Stoffgemisch. Dabei werden die Steviablätter mittels Mazeration ausgelaugt und der so gewonnene Rohsaft mithilfe einer Fällungsreaktion unter Zugabe von Metallsalzen einer ersten Reinigung unterzogen.

Süßstoffe oder Stevia setze ich persönlich nicht ein, da ich das künstliche Aroma nicht so gerne mag, aber hier sind die Geschmäcker verschieden, sodass man diese Alternativen ebenfalls verwenden kann.

Zu guter Letzt sei gesagt, dass ihr selbstverständlich auch handelsüblichen Zucker verwenden könnt – es bleibt natürlich euch überlassen, womit ihr süßt.

Übrigens: Wer Haustiere hat, sollte Xylit mit Umsicht verarbeiten. Bereits der Verzehr von 0,1 Gramm Xylit pro Kilogramm Körpergewicht kann bei Hunden, Frettchen, Kaninchen oder generell bei Nagetieren zu einer schweren Unterzuckerung führen! Etwa 10 bis 30 Minuten

SÜSSUNGSMITTEL	NÄHRWERTE AUF 100 GRAMM	SÜSSKRAFT IM VERGLEICH ZU ZUCKER
Erythrit	0 kcal; 100 g KH; 0 g EW; 0 g F	0,7-fach
Xylit	240 kcal; 100 g KH; 0 g EW; 0 g F	1-fach
Agavendicksaft	300 kcal; 75 g KH; 0 g EW; 0 g F	1,2- bis 1,5-fach
Dattelsirup	289 kcal; 69 g KH; 1,4 g EW; < 0,5 g F	1,2-fach
Honig	318 kcal; 79 g KH; 0 g EW; 0 g F	0,8- bis 1,2-fach
Kokosblütensirup	302 kcal; 74 g KH; < 0,5 g EW; 1 g F	0,9-fach
Reissirup	319 kcal; 79,9 g KH; 0,4 g EW; 0,1 g F	0,5-fach
Süßstoff	bis 20 kcal; 0,1 g KH; 0 g EW; 0 g F	30- bis 30 000-fach
Stevia	371 kcal; 92,8 g KH; 0 g EW; 0 g F	300- bis 400-fach
Zucker	400 kcal; 100 g KH; 0 g EW; 0 g F	

nach dem Verzehr kommt es zu einer übermäßig starken Insulinausschüttung und damit zu einem lebensbedrohlichen Abfall des Blutzuckerspiegels. Sollte euer Vierbeiner tatsächlich in Kontakt mit Xylitol-haltigen Produkten gekommen sein, sucht sicherheitshalber umgehend einen Tierarzt auf.

Gemüse, Gemüse ... macht nicht rund und ist gesund

Frisches Gemüse ist zu einer der Hauptsäulen meiner ausgewogenen, gesunden Ernährung geworden. Gemüse ist reich an Vitaminen, Ballaststoffen und Mineralien. Dank seiner niedrigen Energiedichte ist es perfekt für alle, die auf ihr Gewicht achten wollen. Und wie ihr nun schon wisst, verwende ich am liebsten Zutaten aus regionalem Anbau, die zur jeweiligen Zeit Saison haben. Dann sind sie am aromatischsten und euren ökologischen Fußabdruck freut es ebenfalls!

Auch wenn die Kalorien von Gemüse im wahrsten Sinn des Wortes nicht so stark »ins Gewicht fallen«, frage ich mich bei der Lektüre von Rezepten häufig, wie viele

Schoten ich zum Beispiel für etwa 250 Gramm Gewicht kaufen muss?! Damit euch das Rätseln zumindest hier in meinem Buch erspart bleibt, habe ich euch die Durchschnittsgewichte der von mir gerne verwendeten Gemüsesorten, die man meist stückweise kauft, mit den entsprechenden Kalorienangaben in der Tabelle unten auf dieser Seite einfach mal zusammengestellt.

Gut für den Vorrat und jeden Tag ... meine Lieblings-Basics

Es gibt Zubereitungen, die haben in vielen meiner Rezepte einen festen Platz, zum Beispiel meine selbst gemachte Gemüsebrühe, mein wunderbar aromatisches Bacon-Salz oder meine Lieblingsdressings. Gehen meine Vorräte davon zur Neige, fängt es an, mir in den Fingern zu kribbeln, und ich setze die Produktion von Nachschub auf meiner To-do-Liste ganz weit nach oben. Sie alle lassen sich quasi nebenbei herstellen, wenn ihr eh in der Küche zu tun habt. Von daher probiert die Rezepte in jedem Fall einmal aus. Ich bin fast sicher, auch ihr werdet nicht mehr gerne ohne eine ordentliche Portion von ihnen im Vorrat sein wollen.

GEMÜSESORTE	DURCHSCHNITTSGEWICHT PRO STÜCK	KALORIEN PRO STÜCK
Paprikaschote	140 g	60 kcal
Zucchini	250 g	58 kcal
Strauchtomate	100 g	20 kcal
Cherrytomate	20 g	3 kcal
Blumenkohl	900 g	252 kcal
Brokkoli	400 g	136 kcal
Zwiebel	80 g	26 kcal
Hokkaidokürbis	500 g	315 kcal
Butternutkürbis	1 kg	450 kcal
Spaghettikürbis	1,5 kg	405 kcal

Gemüsebrühe

Zutaten für 680 g:
- 1 Bund Suppengemüse (500 g; Lauch, Sellerie, Möhre, Petersilie)
- 1 große Zwiebel
- 100 g Salz

Außerdem:
- 3 sterile Vorratsgläser à 350 ml

Zubereitungszeit: 15 Minuten

Zubereitung:

Das Suppengemüse nach Bedarf waschen oder schälen. Den Lauch in feine Ringe schneiden, den Sellerie und die Möhre würfeln. Die Zwiebel schälen und ebenfalls zu kleinen Würfeln schneiden.

Das vorbereitete Gemüse mit dem Salz im Standmixer oder in der Küchenmaschine auf hoher Stufe ein paar Sekunden zerkleinern, bis die Gemüsestückchen ganz klein sind. Sie sollten die Größe von Pfefferkörnern haben. Wer mag, mixt sie aber auch gerne noch feiner.

Die Gemüsebrühe in die vorbereiteten Gläser füllen, mit dem Deckel fest verschließen, im Kühlschrank aufbewahren und nach Bedarf verwenden (1 TL auf 200 ml Wasser).

Jackys Tipp: Die Gemüsebrühe hält sich im Kühlschrank fest verschlossen sogar sechs bis acht Monate und ich nutze keine fertige mehr. Ganz wichtig ist, zum Entnehmen der benötigten Menge immer einen sauberen Löffel zu verwenden und die Brühe anschließend direkt wieder in den Kühlschrank zu stellen, damit sie nicht schlecht wird.

Bacon-Salz

Zutaten für 200 g:
- 100 g Frühstücksspeck in dünnen Scheiben (Bacon)
- 100 g grobes Salz
- 1 TL Paprikapulver edelsüß

Zubereitungszeit: 30 Minuten

Zubereitung:

Den Backofen auf 140 °C Umluft vorheizen. Den Bacon auf einem mit Backpapier ausgelegten Blech verteilen und im heißen Ofen 20 Minuten backen.

Die krossen Bacon-Scheiben auf Küchenpapier abtropfen und abkühlen lassen, dann mit dem Salz und dem Paprikapulver im Standmixer oder in der Küchenmaschine auf hoher Stufe fein mahlen.

Das Bacon-Salz in einen Salzstreuer oder in ein Vorratsglas füllen und nach Geschmack verwenden.

Jackys Tipp: Das Bacon-Salz passt zu vielen Gerichten, wie zum Beispiel Fleisch, Gemüse oder auch zu Rührei. Werdet kreativ und probiert aus, wozu es euch am besten schmeckt.

Honig-Senf-Dressing & Joghurtdressing

Zutaten für 2 Portionen:
- 2 TL Rapsöl
- 2 EL weißer Balsamico-Essig
- 2 TL Honigsenf (alternativ 1 TL mittelscharfer Senf und 1 TL Honig)
- 1 TL gehackte italienische Kräuter (TK-Ware oder getrocknet)
- Salz

Zubereitungszeit: 5 Minuten

Zubereitung: Honig-Senf-Dressing
Alle Zutaten mit 1 Prise Salz und 2 EL Wasser verquirlen. Schon ist das Dressing fertig!

Nährwerte pro Portion: 106 kcal; 9,9 g KH; 1,1 g EW; 6,4 g F

Zutaten für 2 Portionen:
- 2 Stängel glatte Petersilie
- 1 Knoblauchzehe
- 100 g fettarmer Joghurt (s. S. 11)
- 2 TL mittelscharfer Senf
- 1 EL weißer Balsamico-Essig
- 30 ml Sprudelwasser
- Salz
- frisch gemahlener Pfeffer

Zubereitungszeit: 10 Minuten

Zubereitung: Joghurtdressing
Die Petersilie waschen, trocken schütteln, nach Belieben mit oder ohne Stängel fein schneiden. Die Knoblauchzehe schälen, durch die Presse drücken oder in feinste Würfel schneiden.

Die Petersilie und den Knoblauch mit dem Joghurt, dem Senf, dem Essig, dem Sprudelwasser sowie je 1 Prise Salz und Pfeffer verquirlen.

Nährwerte pro Portion: 32 kcal; 2,9 g KH; 2,1 g EW; 1,0 g F

Jackys Tipp: Das sind meine absoluten Lieblingsdressings, mit denen ich meine Salate regelmäßig kröne. Ihr könnt beide auf Vorrat zubereiten – das Joghurtdressing hält sich im Kühlschrank fünf bis sieben Tage, das Honig-Senf-Dressing dort sogar bis zu 14 Tage.

Gemüsebrühe
(s. S. 15)

Bacon-Salz
(s. S. 15)

Honig-Senf-
Dressing
(s. S. 16)

Joghurtdressing
(s. S. 16)

Mein Wochenplan

Meister fallen nicht vom Himmel

Zu Beginn meiner Abnahme habe ich mein Essen nicht lange geplant, sondern einfach vollkommen ideenlos das zubereitet und gegessen, was gerade greifbar war. Ich habe jeden Tag frisch eingekauft, was allerdings ziemlich ins Geld ging. Es musste sich etwas ändern.

Nach vielen Überlegungen, wie ich es mir selbst einfacher machen könnte, kam mir ein Wochenplan in den Sinn. Und wie wenn man mit dem Lauftraining startet – man fängt ja auch nicht direkt mit einem Marathon an –, habe ich erst einmal nur damit begonnen, mein Frühstück über mehrere Tage zu planen. Erst als das super funktionierte, nahm ich nach einigen Wochen das Mittag- und Abendessen mit in die Essensplanung auf.

In drei Schritten zum Wochenplan

1. Zunächst notiere ich auf meinem Wochenplan die Gerichte, auf die ich richtig Appetit habe.

2. Dann schaue ich in meinem Kühlschrank nach Lebensmitteln, die zeitnah verarbeitet werden müssen, und schreibe die Gerichte auf, die diese Lebensmittel beinhalten.

3. Zu guter Letzt verschaffe ich mir einen Überblick, welche Mahlzeiten noch offen sind, wie viele Kalorien mir grob für den jeweiligen Tag übrig bleiben und suche dann anhand dieser Kriterien nach Rezepten.

Ein Trick dabei ist, die täglich verfügbaren Kalorien nicht komplett auszuschöpfen, um noch einen kleinen Puffer für Snacks und Obst zu haben – bei ihnen bin ich inzwischen eher flexibel und nehme diese Angaben nicht in meinen Wochenplan auf. Während meiner Abnehmphase habe ich das tatsächlich getan und muss sagen, das hat mir sehr geholfen, da ich so einen besseren Überblick hatte.

Das Was, das Wann und das Wie-Viel sind wichtig

Generell achte ich darauf, bei fast jeder Mahlzeit eiweißreiche Lebensmittel zu mir zu nehmen, da mich Eiweiß länger satt hält. An bestimmte Uhrzeiten halte ich mich jedoch nicht. Morgens esse ich meistens ein bis zwei Stunden nach dem Aufstehen und danach dann im Drei- bis Fünf-Stunden-Takt. Denn durch regelmäßiges Essen kann ich Heißhungerattacken vermeiden. Wenn ich warte, bis ich so richtig viel Hunger habe, dann könnte ich gefühlt alles in mich hineinschaufeln. Allerdings ist jeder Körper anders, sodass man hier einfach auf sich und sein »Bauchgefühl« hören sollte. Beispielsweise essen wir abends meist erst zwischen 19 und 22 Uhr, da das vergleichsweise späte Essen meinem Stoffwechsel offenbar nichts ausmacht. Ich weiß aber auch, dass einige Menschen gerade nach einem späten Abendessen und vor allem nach dem Verzehr von Rohkost Probleme mit dem Einschlafen haben.

Wie bestimme ich meine tägliche Kalorienmenge?

Die Kalorienmenge, die man maximal zu sich nehmen darf, um abzunehmen oder auch sein Gewicht zu halten, ist individuell sehr verschieden und von vielen Faktoren abhängig. Diverse Apps oder auch Internetseiten mit Formeln, wie zum Beispiel die Harris-Benedict-Formel, können hier bei der Berechnung helfen. Wer ein ernsthaftes Abnehmprogramm starten möchte, ist in jedem Fall gut beraten, vorher einen Hausarzt aufzusuchen, um sich gesundheitlich durchchecken und beraten zu lassen.

Generell ist es auch wichtig zu beachten, dass man bei allem guten Willen und Ungeduld nie unter seinem Grundumsatz essen sollte. Der Grundumsatz beschreibt die Energiemenge, die unser Körper in absoluter Ruhe zum Erhalt seiner Körperfunktionen benötigt. Der Grundumsatz plus der Leistungsumsatz ergeben den Gesamtumsatz. Der Gesamtumsatz gibt die Kalorien an, die wir am Tag essen sollten, um unser Gewicht zu halten. Möchten wir abnehmen, dann müssen wir von unserem Gesamtumsatz 300 bis 500 Kalorien abziehen (jedoch dürfen wir nicht unter den Grundumsatz abrutschen). Ein gesunder Gewichtsverlust liegt je nach Ausgangsgewicht zwischen 500 Gramm und einem Kilogramm pro Woche.

Für mich persönlich war immer wichtig: Lieber langsam, gesund und (fast) ohne Verzicht abnehmen als schnell und ungesund. Nehmen wir in einem moderaten Tempo ab, ohne auf vieles zu verzichten, dann können wir so viel mehr über uns, unseren Körper und eine gesunde und ausgewogene Ernährung lernen und darüber hinaus auch nach der Abnahme unser Wunschgewicht langfristig und ohne Jo-Jo-Effekt halten. Klar erzielt man mit einer Crash-Diät schnelle Erfolge, sie sind allerdings selten von Dauer. Wie sagt man so schön? Die Gesundheit sollte immer an erster Stelle stehen.

Nie hungrig einkaufen

Mit dem Plan weiß ich stets genau, was ich im Supermarkt kaufen muss, sodass ich inzwischen nur noch etwa alle zehn Tage einkaufen gehe. Dabei zeigte sich sehr zügig, dass der Plan mich nicht nur bei meiner Abnahme unterstützen konnte, sondern auch beim Einkaufen. Ganz wichtig ist, dass ihr den Wocheneinkauf (und Lebensmitteleinkäufe ganz allgemein) am besten immer mit sattem Bauch erledigt. Wer hungrig einkaufen geht, lädt häufig von Heißhunger geplagt planlos viel zu viele Lebensmittel in den Einkaufswagen, die ungesund oder einfach zu viel sind, sodass ihr euch anschließend ärgert und sie nach ein paar Tagen wegwerfen müsst.

Schlemmen ohne Reue und Überfluss

Durch den Plan habe ich einen guten Überblick über die Lebensmittelmengen und kann dementsprechend das, was ich in einer bestimmten Menge brauche und mir guttut, einkaufen gehen. Und siehe da, dann landet auch nichts mehr im Müll, weil die benötigten Mengen feststehen und dadurch alles verwertet wird – das

schont die Umwelt und im Ergebnis auch den Geldbeutel! Mich hat die Arbeit mit dem Wochenplan so sehr überzeugt, dass er bis heute – und lange nachdem ich mein Wunschgewicht erreicht hatte – fester Bestandteil meines Alltags ist. Wobei ich natürlich auch nicht päpstlicher als der Papst bin: Wenn sich Besuch ankündigt oder ich eingeladen bin, weiche ich hin und wieder spontan vom gefassten Plan ab, aber am groben Wochen- und Einkaufsplan wird nicht gerüttelt.

Aus meinen Gerichten in diesem Kochbuch lässt sich ebenfalls ein toller Wochenplan kreieren (s. S. 20/21) und dabei habe ich auch darauf geachtet, dass alle Rezepte, die unter der Woche (Montag bis Freitag) gekocht werden, superschnell gemacht sind. Wer möchte nach der Arbeit lange in der Küche stehen? Ich definitiv nicht. Die Frühstücksrezepte lassen sich zum Großteil am Vorabend zubereiten, und diese kann man auch gut kalt essen, falls man auf der Arbeit keine Möglichkeit hat, die Speisen warm zu machen. Die Mittagsrezepte lassen sich ebenfalls am Vorabend zubereiten. Hierzu die Speisen über Nacht in einer Lunchbox im Kühlschrank aufbewahren.

Wer ganz wenig Zeit hat, kann zum Beispiel ein Abendessen bzw. Mittagessen in doppelter Menge zubereiten und diese dann am nächsten Tag mit zur Arbeit nehmen.

Die Kalorien in diesem Wochenplan sind täglich zwischen 1600 bis 1700 kcal. Je nach Kalorienbedarf kann man eventuell den Snack durch etwas anderes, wie zum Beispiel Obst, austauschen, oder bei einem höheren Kalorienbedarf kann man einen zweiten Snack hinzunehmen.

Unter **www. jackymalina.com** könnt ihr euch auch einen leeren Wochenplan herunterladen, den ihr nach Belieben immer wieder selbst füllen könnt.

Beispiel für einen Wochenplan
Frühling Sommer

	MONTAG	NÄHRWERTE	REZEPT
Morgens	Smoothie Bowl	445 kcal; 55,6 g KH; 20,3 g EW; 8,8 g F	S. 72/73
Mittags	Couscoussalat	389 kcal; 51,0 g KH; 20,3 g EW; 9,6 g F	S. 80/81
Abends	Dillfisch	433 kcal; 43,6 g KH; 36,9 g EW; 10,2 g F	S. 90/91
Snack	Erdbeerquark	372 kcal; 36,9 g KH; 21,8 g EW; 18,2 g F	S. 96/97
Gesamt	1639 kcal		

	DIENSTAG	NÄHRWERTE	REZEPT
Morgens	Clubsandwiches	429 kcal; 32,3 g KH; 33,7 g EW; 17,0 g F	S. 64/65
Mittags	One-Pot-Pasta	379 kcal; 58,7 g KH; 23,3 g EW; 3,1 g F	S. 34/35
Abends	Zwiebelhähnchen	360 kcal; 22,3 g KH; 34,8 g EW; 13,1 g F	S. 44/45
Snack	Bananensplit	466 kcal; 42,6 g KH; 13,1 g EW; 24,6 g F	S. 98/99
Gesamt	1634 kcal		

	MITTWOCH	NÄHRWERTE	REZEPT
Morgens	Süßer Couscous	366 kcal; 61,5 g KH; 12,2 g EW; 4,8 g F	S. 32/33
Mittags	One-Pot-Pasta	379 kcal; 58,7 g KH; 23,3 g EW; 3,1 g F	S. 34/35
Abends	Thunfischwraps	581 kcal; 77,5 g KH; 32,6 g EW; 12,3 g F	S. 84/85
Snack	Erdbeer-Sojajoghurt-Dessert	294 kcal; 49,3 g KH; 10,3 g EW; 8,7 g F	S. 56/57
Gesamt	1620 kcal		

	DONNERSTAG	NÄHRWERTE	REZEPT
Morgens	Clubsandwiches	429 kcal; 32,3 g KH; 33,7 g EW; 17,0 g F	S. 64/65
Mittags	Nudelsalat	446 kcal; 63,1 g KH; 17,9 g EW; 13,4 g F	S. 76/77
Abends	Paprika-Rindfleisch-Pfanne	705 kcal; 61,7 g KH; 39,8 g EW; 30,0 g F	S. 46/47
Snack	Grießmuffins	90 kcal; 16,5 g KH; 5,9 g EW; 1,0 g F	S. 58/59
Gesamt	1670 kcal		

	FREITAG	NÄHRWERTE	REZEPT
Morgens	Gemüserührei	391 kcal; 11,3 g KH; 31,9 g EW; 23,0 g F	S. 30/31
Mittags	Garnelenpasta	551 kcal; 54,2 g KH; 38,0 g EW; 18,9 g F	S. 74/75
Abends	Bohnencurry	619 kcal; 75,8 g KH; 22,8 g EW; 20,8 g F	S. 88/89
Snack	Grießmuffins	90 kcal; 16,5 g KH; 5,9 g EW; 1,0 g F	S. 58/59
Gesamt	1651 kcal		

	SAMSTAG	NÄHRWERTE	REZEPT
Morgens	Bananengrießpudding	292 kcal; 50,4 g KH; 6,4 g EW; 5,2 g F	S. 26/27
Mittags	Lachsauflauf	676 kcal; 47,2 g KH; 51,2 g EW; 31,0 g F	S. 38/39
Abends	Bohnencurry	619 kcal; 75,8 g KH; 22,8 g EW; 20,8 g F	S. 88/89
Snack	Gemüsechips	103 kcal; 16,5 g KH; 4,5 g EW; 0,8 g F	S. 60/61
Gesamt	1690 kcal		

	SONNTAG	NÄHRWERTE	REZEPT
Morgens	Quarkauflauf	395 kcal; 57,4 g KH; 33,1 g EW; 7,6 g F	S. 70/71
Mittags	Bunter Salat	692 kcal; 52,1 g KH; 30,6 g EW; 34,6 g F	S. 78/79
Abends	Gefüllte Spinatnudeln	463 kcal; 60,8 g KH; 28,6 g EW; 9,2 g F	S. 48/49
Snack	Melonen-Erdbeer-Eis	55 kcal; 8,3 g KH; 1,8 g EW; 1,3 g F	S. 100/101
Gesamt	1605 kcal		

Frühlingsrezepte

Im Frühling erwacht die Natur, die Zugvögel kehren aus dem Süden zurück und wir tauschen endlich wieder unsere dicken Winterjacken gegen luftigere Kleidung. In meiner Küche bekommen jetzt auch die Speisen einen herrlich leichten Frischekick. Kommt mit und lasst euch erfrischen!

Pancakes mit Erdbeeren

fluffig und unkompliziert

Sonntags ist bei uns immer Pancakes-Tag, und da bereite ich meist direkt eine zweite Portion zu, die ich am nächsten Tag mit zur Arbeit nehme. Dann kann man sie nicht nur in der Mikrowelle aufwärmen, sondern auch im Toaster. So werden sie außen knusprig und bleiben innen fluffig. Das Topping begleitet mich in einer separaten Dose.

Nährwerte pro Portion: 286 kcal; 32,8 g KH; 18,7 g EW; 7,4 g F

Zutaten für 12 Stück/2 Portionen:
- 1 Vanilleschote (alternativ 4 Tropfen Vanillearoma)
- 120 g Skyr (alternativ Magerquark; s. S. 11)
- 60 g Weizenmehl Type 405
- 2 Eier (Größe M)
- ½ gestrichener TL Backpulver
- 4 EL Erythrit (alternativ Xylit oder Süßstoff; s. S. 13)
- 200 g Erdbeeren

Außerdem:
- 1 EL Rapsöl für die Pfanne (bei Bedarf)

Zubereitungszeit: 20 Minuten

Zubereitung:

Die Vanilleschote mit einem spitzen Messer längs aufschneiden und das Mark mit dem Messerrücken herauskratzen. Das Vanillemark mit allen übrigen Zutaten, bis auf die Erdbeeren, in einer Schüssel mit dem Schneebesen gut verrühren.

Den Teig mit einem Esslöffel portionsweise mit etwas Abstand zueinander in eine gut beschichtete oder leicht gefettete Pfanne geben.

Die Pancakes bei mittlerer Hitze von beiden Seiten jeweils etwa 2–3 Minuten goldbraun braten.

In der Zwischenzeit die Erdbeeren verlesen und waschen. Einige schöne Beeren beiseitelegen. Den Rest vom Stielansatz befreien, in Würfel schneiden, in einen hohen Rührbecher geben und mit dem Stabmixer pürieren. Ist das Püree nicht süß genug, 1 EL Süße nach Wahl unterrühren.

Die fertigen Pancakes auf einem Teller mit der Erdbeersauce anrichten, mit den übrigen Erdbeeren toppen und sich schmecken lassen!

Jackys Tipp: Das Topping ist ein Must-have zu meinen Pancakes. Hier bevorzuge ich frisches Obst und eine Vanille-, Schoko- oder Fruchtsauce. Hin und wieder schneide ich einen Apfel in dünne Scheiben und lege jeweils eine Scheibe direkt in der Pfanne auf den Pancake, bevor ich ihn wende.

Blog Liebling

Blog Liebling

Bananengrieß- pudding

köstlicher Sattmacher

Ich liebe frische Bananen, jedoch bleiben bei mir regelmäßig ein bis zwei überreife Exemplare übrig. Für dieses Rezept kommen sie wie gerufen, da der Bananengrießpudding durch die Süße der reifen Banane ohne weitere Süßungsmittel auskommt. Der Pudding kann kalt gegessen werden, allerdings schmeckt er mir frisch aus dem Topf und noch warm am allerbesten!

Nährwerte pro Portion: 317 kcal; 52,6 g KH; 6,8 g EW; 6,8 g F

Zutaten für 2 Portionen:
- 750 ml Mandeldrink un- gesüßt (alternativ fett- arme Milch oder andere pflanzliche Milchalter- native; s. S. 11)
- 1 Päckchen veganes Vanillepuddingpulver (37 g)
- 50 g Weichweizengrieß
- 3 reife Bananen
- 2 TL geraspelte Zartbit- terschokolade

Zubereitungszeit: 15 Minuten

Zubereitung:
Von dem Mandeldrink 15 EL abnehmen und in einer Schüssel mit dem Puddingpul- ver gut verrühren. Den restlichen Mandeldrink in einem Topf aufkochen.

Sobald der Mandeldrink kocht, die Puddingmischung mit einem Schneebesen sorgfältig unterrühren. Die Temperatur reduzieren und den Weichweizengrieß ein- rühren.

Die Bananen schälen. 2 Bananen mit einer Gabel zerdrücken, zum Pudding geben, gut verrühren und etwa 2 Minuten ziehen lassen. Der Grießpudding ist fertig, wenn seine Konsistenz cremig ist. Inzwischen die übrige Banane in dünne Scheiben schneiden.

Den Bananengrießpudding auf Schälchen verteilen, mit den Bananenscheiben gar- nieren, mit etwas geraspelter Schokolade bestreuen und genussvoll loslöffeln!

Jackys Tipp: Wenn die Bananen noch nicht reif genug sind und zu wenig Süße abgeben, kann man zusätzlich etwas Erythrit oder Xylit (s. S. 13) zum Pudding geben.

27

Shakshuka

schnell und ohne Schnickschnack

Shakshuka ist ein tolles, in der Zubereitung wirklich einfaches Frühstück, das lange satt macht. Man braucht nur wenige Zutaten und keinen Schnickschnack, die Lebensmittel für dieses Gericht bekommt man wirklich in jedem Supermarkt. Shakshuka kann man sowohl warm als auch kalt essen, wobei ich die frische warme Variante lieber mag.

Nährwerte pro Portion: 324 kcal; 18,5 g KH; 21,1 g EW; 16,9 g F

Zutaten für 2 Portionen:
- 1 rote Paprikaschote
- 1 Zwiebel
- 1 Knoblauchzehe
- 1 TL Rapsöl
- 2 EL Tomatenmark
- 400 g gehackte Tomaten (Dose)
- ½ TL Paprikapulver edelsüß
- Salz
- frisch gemahlener Pfeffer
- 4 Eier (Größe M)
- ½ Handvoll glatte Petersilienblätter

Zubereitungszeit:
30 Minuten

Zubereitung:

Die Paprikaschote waschen, halbieren, entkernen und in Streifen schneiden. Die Zwiebel und den Knoblauch schälen und in kleine Würfel schneiden.

Das Öl in einer Pfanne erhitzen und die Paprikastreifen, die Zwiebel und den Knoblauch darin bei mittlerer Hitze andünsten. Das Tomatenmark untermischen und 2 Minuten mitbraten.

Die gehackten Tomaten, das Paprikapulver sowie je 1 gute Prise Salz und Pfeffer in die Pfanne geben und einrühren. Die Mischung bei mittlerer Hitze 20 Minuten köcheln, bis sie etwas dickflüssiger wird.

Vier Mulden in die Gemüsemischung drücken, die Eier am besten in ein kleines Glas oder eine Kelle aufschlagen und in die Mulden gleiten lassen. Den Pfannendeckel auflegen und die Eier auf der Gemüsemischung bei niedriger Hitze 10–12 Minuten stocken lassen.

Die Petersilie waschen, fein schneiden und auf der Shakshuka verteilen. Guten Appetit!

Jackys Tipp: Shakshuka eignet sich übrigens auch hervorragend als Mittag- oder Abendessen, dann esse ich gerne eine Portion Vollkorn- oder Basmatireis dazu. Auch Feta schmeckt sehr gut auf Shakshuka. Dafür den Käse krümelig zerkleinern und auf dem Gericht verteilen. Für das gewisse Etwas kann man noch Chiliflocken oder Chilipulver dazugeben.

Gemüserührei

gesunde Eiweißbombe

Rührei gibt es recht oft bei uns, einfach weil es sehr schnell zubereitet ist und gut schmeckt. Durch die Kombination mit dem Gemüse kann man den Großteil seines Eiweißbedarfs bereits am Morgen decken. Eier gehören zu den besten Eiweißlieferanten und sind eine reichhaltige Quelle für eine Vielzahl gesunder Nährstoffe. Meine liebste Kombination ist die mit Champignons und roter Paprika.

Nährwerte pro Portion: 391 kcal; 11,3 g KH; 31,9 g EW; 23,0 g F

Zutaten für 2 Portionen:
- 250 g braune Champignons
- 1 rote Paprikaschote
- 1 kleine Zwiebel
- 1 TL Rapsöl
- 6 Eier
- Bacon-Salz (s. S. 15)
- frisch gemahlener Pfeffer
- 2–3 EL fettarme Milch (s. S. 11)
- 5 Schnittlauchhalme

Zubereitungszeit: 10 Minuten

Zubereitung:

Die Champignons putzen, bei Bedarf mit Küchenpapier trocken abreiben und in Scheiben schneiden. Die Paprikaschote waschen, halbieren, entkernen und in Würfel schneiden. Die Zwiebel schälen und fein würfeln.

Das Öl in einer Pfanne erhitzen und das vorbereitete Gemüse darin bei mittlerer bis starker Hitze anbraten.

Die Eier mit je 1 Prise Bacon-Salz und Pfeffer sowie der Milch verquirlen. Die Temperatur in der Pfanne etwas reduzieren, das Gemüse mit der Eiermasse begießen und die Mischung bei mittlerer Hitze unter regelmäßigem Rühren zu Rührei braten.

Inzwischen den Schnittlauch waschen, trocken schütteln und in feine Röllchen schneiden.

Das Rührei auf Tellern mit dem Schnittlauch bestreuen und genießen!

Jackys Tipp: Zu meinem Rührei esse ich sehr gerne Vollkornbrot oder Vollkorntoast mit einem Kräuterfrischkäse. Regelmäßig wechsele ich die Gemüsesorten und tausche Paprika und/oder Champignons zum Beispiel gegen Zucchini, Tomaten oder Peperoni aus. Mag man es besonders kross und würzig, dann passt auch Bacon gut dazu.

Süßer Couscous

fruchtig-lecker

Wer bisher dachte, dass Couscous nur in der herzhaften Variante zubereitet werden kann, der hat sich geirrt. Er schmeckt nämlich auch hervorragend in der süßen Version und sollte unbedingt einmal ausprobiert werden! Zudem eignet sich Couscous prima als Meal-Prep-Gericht und lässt sich somit auch gut zwei bis drei Tage im Voraus vorbereiten.

Nährwerte pro Portion: 366 kcal; 61,5 g KH; 12,2 g EW; 4,8 g F

Zutaten für 2 Portionen:
- 320 ml Mandeldrink ungesüßt (alternativ fettarme Milch oder andere pflanzliche Milchalternative; s. S. 11)
- 160 g Couscous
- 40 g Xylit (alternativ Erythrit oder Süßstoff; s. S. 13)
- 1 Vanilleschote (alternativ 4–5 Tropfen Vanillearoma)
- 100 g Sojajoghurt (alternativ Magermilchjoghurt oder Magerquark; s. S. 11)
- 50 g Johannisbeeren
- 60 g Blaubeeren
- 6 Minzeblätter

Zubereitungszeit:
15 Minuten

Zubereitung:

Den Mandeldrink in einem kleinen Topf mit dem Couscous und dem Xylit kurz aufkochen. Den Topf vom Herd ziehen und den Couscous etwa 5 Minuten quellen lassen, bis der Mandeldrink komplett aufgesogen ist.

Inzwischen die Vanilleschote mit einem spitzen Messer längs aufschneiden und das Mark mit dem Messerrücken herauskratzen. Den Sojajoghurt mit dem Vanillemark verrühren. Die Johannisbeeren und die Blaubeeren verlesen, waschen und vorsichtig trocknen. Die Minzeblätter waschen und trocken schütteln, große Blätter nach Belieben klein zupfen oder schneiden.

Den weichen Couscous in eine Schüssel umfüllen, den Sojajoghurt und die Früchte darauf verteilen, mit der Minze garnieren. Guten Appetit!

Jackys Tipp: Zum süßen Couscous passen auch Gewürze wie Tonkabohne, Zimt oder im Advent etwas Spekulatiusgewürz richtig gut. Leckere Cranberrys oder Rosinen machen sich im süßen Couscous ebenfalls prächtig.

One-Pot-Pasta

Fusilli, Brokkoli, basta

Der Vorteil einer One-Pot-Pasta ist, dass die Nudeln nicht separat zur Sauce gekocht werden und man somit nur einen Topf schmutzig macht. Das spart Zeit und man hat weniger zu spülen. Da die One-Pot-Pasta in der Zubereitung einfach und schnell ist, mache ich mir direkt die doppelte Portion, sodass ich am nächsten Tag auch noch was davon habe.

Nährwerte pro Portion: 379 kcal; 58,7 g KH; 23,3 g EW; 3,1 g F

Zutaten für 2 Portionen:
- 1 Zucchini
- 200 g Brokkoli
- 140 g Vollkornfusilli
- 400 g gehackte Tomaten (Dose)
- 2 EL Tomatenmark
- 100 g Frischkäse light (s. S. 11)
- 15 Basilikumblätter
- Salz
- frisch gemahlener Pfeffer

Zubereitungszeit: 30 Minuten

Zubereitung:

Die Zucchini waschen und ohne Endstücke auf der Gemüsereibe klein raspeln. Den Brokkoli waschen und die Röschen abschneiden. Den Strunk schälen und zusammen mit den Brokkoliröschen klein schneiden.

Zucchini, Brokkoli, Vollkornfusilli, gehackte Tomaten, Tomatenmark, Frischkäse und 650 ml Wasser in einem Topf ohne Deckel zum Kochen bringen.

Nach etwa 5 Minuten die Temperatur reduzieren und die One-Pot-Pasta bei mittlerer Hitze offen weitere 20 Minuten garen. Dabei zwischendurch regelmäßig umrühren, damit die Pasta am Topfboden nicht ansetzt.

Nach 20 Minuten Garzeit eine Nudel testen. Sollte sie noch zu hart sein, die One-Pot-Pasta ein paar Minuten weiterkochen, bis die Nudeln den gewünschten Gargrad haben. Bei Bedarf etwas mehr Wasser hinzugeben.

Inzwischen die Basilikumblätter waschen, trocken schütteln und je nach Größe in Stücke zupfen oder fein schneiden.

Die One-Pot-Pasta mit Salz und Pfeffer abschmecken, auf Teller verteilen, mit Basilikum bestreuen und sich schmecken lassen!

Jackys Tipp: One-Pot-Pasta ist mein »Unter der Woche«-Favorit, da sie so schnell gemacht ist. Ich friere One-Pot-Gerichte gerne auch portionsweise ein – so habe ich immer etwas Leckeres im Haus, wenn ich gerade gar keine Lust zum Kochen habe.

Ofenspargel

köstlich unkompliziert

Spargel ist ein gesunder Vitalstofflieferant, denn er steckt voller Vitamine und Mineralstoffe. 500 Gramm der Stangen decken bereits den Tagesbedarf an den Vitaminen A, C, E und Folsäure. Während der Spargelsaison landen die Vitaminbomben deshalb regelmäßig auf meinem Teller. Am liebsten esse ich Spargel aus dem Ofen, da er mir gebacken besonders gut schmeckt. Aber auch kalt ist dieses Gericht nicht zu verachten.

Nährwerte pro Portion: 287 kcal; 6,4 g KH; 15,2 g EW; 22,3 g F

Zutaten für 2 Portionen:
- 500 g grüner Spargel
- 1 Knoblauchzehe
- 100 g Feta light (s. S. 11)
- 1 TL gehackte italienische Kräuter (TK-Ware oder getrocknet)
- 2 EL Rapsöl
- Salz
- frisch gemahlener Pfeffer

Außerdem:
- Auflaufform

Zubereitungszeit: 10 Minuten + 25 Minuten Backen

Zubereitung:

Den Backofen auf 200 °C Umluft vorheizen.

Die Spargelstangen waschen und die holzigen Enden abschneiden. Den Knoblauch schälen und in feine Würfel schneiden. Den Feta mit Küchenpapier trocken tupfen und mit der Hand zerbröseln.

Die Spargelstangen in einer Auflaufform passender Größe verteilen, mit dem Feta, dem Knoblauch und den Kräutern bestreuen und mit dem Öl beträufeln. Mit Salz und Pfeffer würzen.

Den Spargel im heißen Ofen 25 Minuten backen.

Den Ofenspargel auf Teller verteilen und genießen!

Jackys Tipp: Nicht nur grünen Spargel kann man im Ofen zubereiten, sondern auch den weißen. Der weiße Spargel muss vor dem Backen zusätzlich geschält werden. Dieses Gericht kann auch als Beilage zum Beispiel zu einem Stück Fisch oder Fleisch serviert werden. Den Fisch oder das Fleisch kann man entweder separat anbraten oder auf dem Blech im Ofen direkt mitbacken.

Lachsauflauf

gesunder Sattmacher

Lachs enthält eine große Menge an mehrfach ungesättigten Fettsäuren, genauer gesagt Omega-3-Fettsäuren. Diese werden vom Körper nicht selbst hergestellt und sind somit essenziell. Am allerliebsten esse ich Fisch aus dem Ofen und besonders gerne als Auflauf, da beim Backen passend zum Lachs wie von Zauberhand gemacht noch eine leckere Sauce entsteht.

Nährwerte pro Portion: 676 kcal; 47,2 g KH; 51,2 g EW; 31,0 g F

Zutaten für 2 Portionen:
- 140 g Vollkornnudeln
- Salz
- 250 g Lachsfilet
- 1 TL Rapsöl
- 100 g frischer Babyspinat
- 100 g Frischkäse light (alternativ Crème légère; s. S. 11)
- 200 ml Gemüsebrühe (Rezept s. S. 15)
- frisch gemahlener Pfeffer
- 80 g geriebener Mozzarella (s. S. 11)

Außerdem:
- Auflaufform

Zubereitungszeit:
15 Minuten +
15–17 Minuten Backen

Zubereitung:

Den Backofen auf 180 °C Umluft vorheizen. Die Vollkornnudeln in reichlich Salzwasser nach Packungsanleitung bissfest garen.

Inzwischen das Lachsfilet unter fließendem kaltem Wasser abspülen und mit Küchenpapier trocken tupfen. Mit Salz leicht würzen. Das Öl in einer Pfanne erhitzen und den Fisch darin von beiden Seiten je 3 Minuten goldbraun braten.

Den Spinat verlesen und waschen. Die fertigen Nudeln in ein Sieb abgießen und abtropfen lassen. Die Pfanne mit dem Lachs vom Herd ziehen.

Die gekochten Nudeln mit dem Spinat, dem Frischkäse und der Gemüsebrühe zurück in den Nudeltopf geben und kurz aufkochen, bis der Spinat zusammenfällt.

Das Lachsfilet in kleine Stücke zupfen und unter die Nudelmischung heben. Die Mischung in eine Auflaufform passender Größe umfüllen, mit Pfeffer würzen, mit dem Mozzarella bestreuen und im heißen Ofen 15–17 Minuten backen.

Den fertigen Lachsauflauf aus dem Ofen holen und auf Teller verteilen. Guten Appetit!

Jackys Tipp: Anstelle von Lachs kann man auch Fleisch – vorher anbraten – zum Auflauf geben. Auch Tofu schmeckt gut, am besten in der geräucherten Variante. Zum Auflauf passt noch ein leckerer Gurkensalat. Das Rezept gibt es auf Seite 86/87. Dann dort den Lachs weglassen.

Reispfanne

leckere Gemüsevielfalt

Eine Reispfanne, vor allem eine Gemüse-Reispfanne, mache ich mir gerne, wenn es nach der Arbeit schnell gehen muss. Sie ist besonders einfach und ruckzuck gemacht, da man vorab lediglich das Gemüse klein schneiden und mit dem Reis anschließend nur noch ein paar Minuten anbraten muss.

Nährwerte pro Portion: 382 kcal; 39,3 g KH; 16,6 g EW; 16,0 g F

Zutaten für 2 Portionen:
- 140 g Vollkorn-Basmatireis
- Salz
- 150 g Zuckerschoten
- 2 gelbe Paprikaschoten
- 2 Frühlingszwiebeln
- 50 g Sojabohnen-sprossen
- 1 EL Rapsöl
- 2 Eier (Größe M)
- frisch gemahlener Pfeffer
- 3 EL Sojasauce

Zubereitungszeit:
45 Minuten

Zubereitung:
Den Reis in Salzwasser nach Packungsanleitung weich garen.

Inzwischen die Zuckerschoten putzen, dabei die Enden abschneiden, und waschen. Die Paprikaschoten waschen, halbieren, entkernen und in feine Streifen schneiden. Die Frühlingszwiebeln putzen, waschen und den weißen bis hellgrünen Teil in feine Ringe schneiden. Die Sojabohnensprossen in einem Sieb abspülen und gut abtropfen lassen.

Das Öl in einer Pfanne erhitzen und das geschnittene Gemüse sowie die Sojasprossen darin bei starker Hitze anbraten.

Die Eier in einer kleinen Schüssel verquirlen, dabei mit Salz und Pfeffer würzen. Eine zweite, beschichtete Pfanne ohne Fett erhitzen und die Eiermasse darin bei mittlerer Hitze zu feinem Rührei braten. Dazu mit einem Holzlöffel während des Bratens ständig rühren.

Den gekochten Reis und die Sojasauce zu den Eiern geben, gut verrühren und 2 Minuten mitbraten. Das Gemüse unterheben und ebenfalls kurz mitbraten.

Die Reispfanne auf Teller verteilen und die bunte Vielfalt genießen!

Jackys Tipp: Reispfannen eignen sich hervorragend zur Resteverwertung, da man Reis mit allen beliebigen Gemüsesorten kombinieren kann. Ebenso eignet sich dieses Rezept als Meal-Prep-Gericht und kann sowohl im Kühlschrank aufbewahrt als auch portionsweise eingefroren werden. Wer es gerne etwas schärfer mag, rührt nach dem Braten Chiliflocken unter.

Ofenkartoffel

bunt gefüllt

Ofenkartoffeln wecken in mir Erinnerungen an meine allererste Wohnung. Damals hatte ich eine Phase, in der ich wochenlang nahezu täglich Ofenkartoffeln mit wechselnden Beilagen gegessen habe. Bis heute mag ich die Knolle supergern und am liebsten aus dem Ofen. In der Zeit, in der die Kartoffel im Ofen ist, kann man die Beilage zubereiten und hat sogar noch Zeit, um vor dem Essen ein paar Seiten in seinem Lieblingsbuch zu lesen.

Nährwerte pro Portion: 303 kcal; 39,3 g KH; 19,0 g EW; 5,7 g F

Zutaten für 2 Portionen:
- 2 große mehligkochende Kartoffeln (à 200 g)
- 2 TL Olivenöl
- 250 g Skyr (alternativ Magermilchjoghurt oder Magerquark; s. S. 11)
- Salz
- frisch gemahlener Pfeffer
- 1 Knoblauchzehe
- 1 Handvoll Rucola
- 10 Radieschen
- 2 Frühlingszwiebeln
- 4 EL Kresse

Zubereitungszeit:
10 Minuten +
50–60 Minuten Backen

Zubereitung:

Den Backofen auf 180 °C Umluft vorheizen.

Die Kartoffeln gründlich waschen, auf einem mit Backpapier belegten Blech verteilen, mit Öl bepinseln und im heißen Ofen 50–60 Minuten backen.

Inzwischen den Skyr in einer kleinen Schüssel mit je 1 Prise Salz und Pfeffer cremig rühren. Den Knoblauch schälen und in feinste Würfel schneiden. Den Rucola verlesen, waschen, trocken schleudern und fein schneiden. Die Radieschen putzen, waschen, von Wurzel- sowie Stielansätzen befreien und in dünne Stifte schneiden. Die Frühlingszwiebeln putzen und waschen. Den weißen bis hellgrünen Teil in feine Ringe schneiden. Die Kresse waschen und trocken schütteln.

Die vorbereiteten Zutaten, bis auf die Frühlingszwiebeln und die Kresse, mit dem Skyr vermischen und noch einmal mit Salz und Pfeffer abschmecken.

Nach 50 Minuten Backzeit die Kartoffeln mit einer Gabel einstechen – wenn sie einfach wieder von der Gabel gleiten, sind sie fertig. Ansonsten die Backzeit um einige Minuten verlängern.

Die fertigen Kartoffeln der Länge nach aufschneiden und mit der Skyr-Mischung füllen. Die Kartoffeln mit den Frühlingszwiebelringen und der Kresse bestreuen und sich schmecken lassen!

Jackys Tipp: Ein leckeres Topping gibt der Ofenkartoffel das gewisse Etwas. Ich verwende hierzu am liebsten Feta, Croûtons oder Sonnenblumenkerne. Dazu passt ein bunt gemischter Salat oder Tomatensalat.

Zwiebelhähnchen

cremig gut, alles gut

Hähnchen esse ich am liebsten mit einer cremigen Sauce, da mir das Fleisch meist zu trocken ist. Die Zwiebelsauce gibt ihm das gewisse Etwas und ist schön würzig. Sie ist schnell und einfach gemacht und kommt mit sehr wenigen Zutaten aus.

Nährwerte pro Portion: 360 kcal; 22,3 g KH; 34,8 g EW; 13,1 g F

Zutaten für 2 Portionen:
- 2 Hähnchenbrustfilets (à 120 g)
- Bacon-Salz (s. S. 15)
- 1 EL Rapsöl
- 2 rote Zwiebeln
- 200 ml passierte Tomaten
- 120 ml Soja-Kochcreme light (alternativ Sahne oder andere Kochcreme; s. S. 11)
- 100 ml Gemüsebrühe (Rezept s. S. 15)
- frisch gemahlener Pfeffer

Zubereitungszeit: 25 Minuten

Zubereitung:
Das Hähnchenfleisch unter fließendem kaltem Wasser abspülen, mit Küchenpapier trocken tupfen und leicht salzen.

Das Öl in einer Pfanne erhitzen und die Hähnchenbrustfilets darin bei starker Hitze von beiden Seiten jeweils 2–3 Minuten anbraten.

Inzwischen die Zwiebeln schälen, halbieren und in feine Ringe schneiden.

Das Fleisch aus der Pfanne nehmen und beiseitestellen. Die Zwiebeln in der Pfanne bei mittlerer Hitze 4–5 Minuten glasig anschwitzen.

Die Zwiebelringe mit den passierten Tomaten, der Soja-Kochcreme und der Gemüsebrühe ablöschen. Mit Salz und Pfeffer würzen.

Die Sauce bei niedriger Hitze kurz aufkochen, das Fleisch hineinlegen und bei mittlerer Hitze 5 Minuten ziehen lassen. Nach Belieben noch einmal abschmecken.

Das Hähnchen in Zwiebelsauce auf Teller verteilen und genießen!

Jackys Tipp: Zum Hähnchen esse ich sehr gerne Kartoffelstampf, Reis oder Spätzle. Als Gemüsebeilage passt gekochter Brokkoli oder ein bunt gemischter Salat. Die Sauce kann man auch auf Vorrat zubereiten und einfrieren, sodass man sie immer griffbereit hat, wenn es einmal schnell gehen muss.

Paprika-Rindfleisch-Pfanne

deftig und gemüsig

Die Paprika-Rindfleisch-Pfanne ist nicht nur unkompliziert zuzubereiten, sondern auch hervorragend für die Lunchbox geeignet. Je länger das Rindfleisch in der Sauce liegt, desto besser schmeckt es. Das Gericht lässt sich problemlos einfrieren, sodass es zum kulinarischen Retter in Zeitnot wird.

Nährwerte pro Portion: 705 kcal; 61,7 g KH; 39,8 g EW; 30,8 g F

Zutaten für 2 Portionen:
- 120 g Spätzle
- Salz
- 250 g Hüftsteaks vom Rind
- 2 rote Paprikaschoten
- 1 EL Rapsöl
- 3 EL Tomatenmark
- 400 g gehackte Tomaten (Dose)
- 100 ml Gemüsebrühe (Rezept s. S. 15)
- 100 g Frischkäse light (alternativ Crème légère; s. S. 11)
- frisch gemahlener Pfeffer

Zubereitungszeit: 30 Minuten

Zubereitung:

Die Spätzle in reichlich Salzwasser nach Packungsanleitung bissfest garen.

Inzwischen das Rindfleisch mit Küchenpapier abtupfen, von Fett und Sehnen befreien und in 1 cm dicke Streifen schneiden. Mit Salz würzen. Die Paprika waschen, halbieren, entkernen und ebenfalls in Streifen schneiden.

Das Öl in einer Pfanne erhitzen und die Fleischstreifen darin bei starker Hitze scharf anbraten.

Die Paprikastreifen und das Tomatenmark einrühren und bei mittlerer Hitze weitere 5 Minuten mitbraten. Die fertigen Spätzle in ein Sieb abgießen und abtropfen lassen. Warm halten.

Das Fleisch mit den gehackten Tomaten und der Gemüsebrühe ablöschen. Den Frischkäse einrühren, bis er sich aufgelöst hat. Die Mischung bei niedriger Hitze weitere 10 Minuten köcheln. Nach Belieben noch einmal mit Salz und Pfeffer abschmecken.

Die Paprika-Rindfleisch-Pfanne mit den Spätzle auf Tellern anrichten. Guten Appetit!

Jackys Tipp: Für mehr Volumen kann man gerne weitere Gemüsesorten, wie zum Beispiel Zucchini, hinzufügen. Anstelle von Spätzle passen auch Reis oder Kartoffeln hervorragend dazu.

Gefüllte Spinatnudeln

unkomplizierte Vitaminbombe

Spinat mochte ich als Kind nie, der Klassiker! Heute ist das anders und das Vitaminpaket kommt regelmäßig auf meinen Teller. Sei es in Kombination mit Pasta, im Salat oder auf Pizza.

Nährwerte pro Portion: 463 kcal; 60,8 g KH; 28,6 g EW; 9,2 g F

Zutaten für 2 Portionen:
- 140 g große Muschelnudeln
- Salz
- 500 g frischer Spinat (alternativ 400 g TK-Ware)
- 1 Zwiebel
- 1 TL Rapsöl
- 120 g Frischkäse light (alternativ Ricotta oder saure Sahne; s. S. 11)
- frisch gemahlener Pfeffer
- 1 Knoblauchzehe
- 250 ml passierte Tomaten
- 2 EL geriebener Grana Padano

Außerdem:
- Auflaufform

Zubereitungszeit:
15 Minuten +
20 Minuten Backen

Zubereitung:

Den Backofen auf 180 °C Umluft vorheizen. Die Nudeln in reichlich Salzwasser nach Packungsanleitung ganz knapp al dente, das heißt bissfest, garen – sie dürfen nicht zu weich sein, da sie später im Ofen noch nachkochen.

Inzwischen den Spinat verlesen, waschen und fein schneiden. Die Zwiebel schälen und fein würfeln.

Das Öl in einem Topf erhitzen. Den Spinat und die Zwiebelwürfel darin bei mittlerer Hitze andünsten, bis die Zwiebelstücke glasig werden. Die Nudeln in ein Sieb abgießen und gründlich abtropfen lassen.

Den Frischkäse unter den Spinat rühren, mit je 1 Prise Salz und Pfeffer würzen und bei mittlerer Hitze köcheln, bis der Frischkäse vollständig aufgelöst ist.

Den Knoblauch schälen, in feinste Würfel schneiden und mit den passierten Tomaten sowie je 1 Prise Salz und Pfeffer in einer Auflaufform passender Größe verrühren.

Die Nudeln mit der Spinatmischung füllen, in der Form nebeneinander auf die passierten Tomaten setzen, mit Grana Padano bestreuen und im heißen Ofen 20 Minuten backen.

Die gefüllten Spinatnudeln aus dem Ofen nehmen, auf Teller verteilen und sich schmecken lassen!

Jackys Tipp: Als Topping oder auch als Füllung für die Nudeln benutze ich hin und wieder gerne Feta. Diesen zerbrösele ich in den Händen und bestreue den Auflauf damit. Geröstete Pinienkerne passen ebenfalls dazu.

Röstblumenkohl

zwiebelig und aromatisch

Gerösteter Blumenkohl ist alles andere als langweilig, denn wenn er aus dem Ofen kommt, ist er außen knusprig und innen butterzart. Als Beilage schmeckt er zu Fisch oder Fleisch, ergibt aber auch einfach eine köstliche Hauptspeise.

Nährwerte pro Portion: 256 kcal; 14,5 g KH; 7,9 g EW; 16,4 g F

Zutaten für 2 Portionen:
- 1 Blumenkohl (ca. 450 g)
- 2 EL Olivenöl
- 1 TL Paprikapulver edelsüß
- Salz
- frisch gemahlener Pfeffer
- 4 rote Zwiebeln
- 3 Frühlingszwiebeln

Zubereitungszeit:
20 Minuten +
22 Minuten Backen

Zubereitung:
Den Ofen auf 200 °C Umluft vorheizen.

Den Blumenkohl putzen, waschen und in kleine Röschen schneiden. Die Röschen in einer Schüssel mit 1 EL Öl, dem Paprikapulver sowie je 1 Prise Salz und Pfeffer vermischen.

Die Blumenkohlröschen auf einem mit Backpapier ausgelegten Blech verteilen und im heißen Ofen 20–22 Minuten rösten.

Inzwischen die Zwiebeln schälen, halbieren und in dünne Ringe schneiden. Die Frühlingszwiebeln putzen, waschen und ohne Wurzelansatz in feine Ringe schneiden.

Das restliche Öl in einer Pfanne erhitzen, die Zwiebelringe dazugeben und bei mittlerer Hitze 5–7 Minuten weich schmoren, bis sie zu bräunen beginnen. 1 Minute vor Ende der Schmorzeit die Frühlingszwiebelringe unterheben und kurz mitgaren.

Die Blumenkohlröschen mit den Schmorzwiebeln auf Teller verteilen und sich schmecken lassen.

Jackys Tipp: Als Dip empfehle ich einen leckeren Joghurtmix mit Knoblauch und Petersilie. Hierzu einfach 150 Gramm Magermilchjoghurt (s. S. 11) mit je einer Prise Salz und Pfeffer, einer geschälten und fein gewürfelten Knoblauchzehe sowie ein bis zwei Esslöffeln fein gehackter Petersilie cremig verrühren.

Tomatensuppe

fruchtig und leicht

Es gibt nichts Besseres als ein leckeres, fruchtiges Süppchen. Vor allem gehackte Tomaten eignen sich besonders gut, da eine Suppe aus ihnen sehr einfach und schnell zubereitet ist. Die knoblauchige Note des Bärlauchs ist mediterran und frühlingshaft zugleich – die Tomatensuppe schmeckt als Vorspeise oder als Hauptgang. Sie hält sich mehrere Tage im Kühlschrank, lässt sich aber auch prima portionsweise einfrieren.

Nährwerte pro Portion: 274 kcal; 20,8 g KH; 6,5 g EW; 16,7 g F

Zutaten für 2 Portionen:
- 1 Zwiebel
- 1 EL Olivenöl
- 800 g gehackte Tomaten (Dose)
- 1 TL Oreganoblättchen (frisch oder getrocknet)
- 200 ml Gemüsebrühe (Rezept s. S. 15)
- ½ Bund Bärlauch
- Salz
- frisch gemahlener Pfeffer
- einige Basilikumblätter

Zubereitungszeit: 20 Minuten

Zubereitung:

Die Zwiebel schälen und in feine Würfel schneiden.

Das Olivenöl in einem Topf erhitzen und die Zwiebelwürfel darin bei mittlerer Hitze 4–5 Minuten glasig anschwitzen.

Die Tomaten, den Oregano und die Gemüsebrühe dazugeben, alles aufkochen und 10 Minuten köcheln.

Inzwischen den Bärlauch verlesen, waschen und trocken schütteln. Die harten Stängel entfernen und die Blätter ganz fein schneiden.

Die Suppe mit dem Stabmixer fein pürieren. Den Bärlauch unterheben. Mit Salz und Pfeffer abschmecken. Das Basilikum waschen, trocknen und fein schneiden.

Die heiße Tomatensuppe auf Suppenteller verteilen, mit dem Basilikum und nach Belieben etwas mehr Oregano bestreuen und genussvoll loslöffeln!

Jackys Tipp: Zur Tomatensuppe esse ich gerne Basmati- oder Naturreis, den ich direkt in die Suppe gebe. Auch ein Klecks Crème légère und/oder fein gerösteter Knoblauch schmecken darin köstlich.

Zwiebelbaguettes

knusprig vielseitig

Baguettes sind so vielseitig – egal ob zum Salat, als Grillbeilage oder zum Dippen. Ihre Zubereitung ist auch gar nicht kompliziert – dazu gibt es einen köstlichen Dip mit frühlingsfrischem Bärlauch.

Nährwerte Baguette pro Stück: 426 kcal; 62,3 g KH; 12,5 g EW; 13,3 g F
Nährwerte Dip pro Portion: 56 kcal; 2,9 g KH; 4,8 g EW; 2,6 g F

Zutaten für 6 Stück:
Für die Baguettes:
- 70 ml Mandeldrink ungesüßt (s. S. 11)
- 125 g Skyr (alternativ Magerquark; s. S. 11)
- 350 g Weizenmehl Type 405
- 1 Päckchen Backpulver (16 g)
- 3 EL Rapsöl
- 6 EL Röstzwiebeln
- 1 TL Salz
- 1 Ei
- 1 Eigelb

Für den Dip:
- 1 Bund Bärlauch
- 1 Knoblauchzehe
- 200 g Magerquark (s. S. 11)
- 100 g Magermilchjoghurt (s. S.11)
- 1 EL Olivenöl
- Salz
- frisch gemahlener Pfeffer

Zubereitungszeit:
15 Minuten +
22–25 Minuten Backen

Zubereitung:
Den Backofen auf 170 °C Umluft vorheizen.

Für die Baguettes alle Zutaten, bis auf das Eigelb, mit den Knethaken des Handrührgeräts zu einem leicht klebrigen Teig verkneten.

Den Teig in 6 gleich große Portionen teilen, zu länglichen Baguettebroten formen und auf einem mit Backpapier ausgelegten Gitterrost verteilen.

Die Brote mit dem leicht verquirlten Eigelb bestreichen und im heißen Ofen 22–25 Minuten goldbraun backen.

Inzwischen für den Dip den Bärlauch verlesen, waschen und trocken schütteln. Die harten Stängel entfernen. Den Knoblauch schälen und mit den Bärlauchblättern ganz fein schneiden.

Den Bärlauch und den Knoblauch in einer kleinen Schüssel mit dem Quark, dem Joghurt und dem Öl verrühren und mit je 1 Prise Salz und Pfeffer abschmecken.

Die goldbraunen, duftenden Brote aus dem Ofen nehmen, noch warm oder kalt mit dem Bärlauchdip servieren und sich schmecken lassen!

Jackys Tipp: Spätestens ab dem dritten Tag werden die Baguettes hart. Dann die Brote in ganz dünne Scheiben schneiden, mit etwas Öl beträufeln und im vorgeheizten Ofen bei 180 Grad Celsius Umluft etwa 15 Minuten zu Brotchips backen.

55

Erdbeer-Sojajoghurt-Dessert

Frucht trifft Creme

Ohne mindestens einen Snack am Tag komme ich nicht aus und am liebsten esse ich dann etwas Süßes. Meine Snacks bereite ich größtenteils selbst zu und in solchen Momenten entstehen so leckere Kreationen wie diese. Der Joghurt für zwischendurch ist schnell und einfach gemacht und das meiste hat man ganz sicher vorrätig.

Nährwerte pro Portion: 294 kcal; 49,3 g KH; 10,3 g EW; 8,7 g F

Zutaten für 2 Portionen:
- 400 g Erdbeeren
- 4 EL Xylit (alternativ Erythrit, s. S. 13)
- 400 g Sojajoghurt (alternativ Magermilchjoghurt; s. S. 11)
- 20 g vegane Zartbitterschokolade

Zubereitungszeit:
10 Minuten

Zubereitung:

Die Erdbeeren waschen und die Stielansätze entfernen. 6 besonders schöne Beeren heraussuchen und für das Topping beiseitelegen.

Die restlichen Erdbeeren und 2 EL Xylit in einem hohen Rührbecher mit dem Stabmixer fein pürieren. Den Sojajoghurt mit den übrigen 2 EL Xylit verrühren.

Von den 6 zurückgelegten Erdbeeren 4 Stück in kleine Würfel schneiden. Die Schokolade in kleine Stückchen hacken und drei Viertel davon unter den Sojajoghurt rühren.

Den Sojajoghurt abwechselnd mit dem Erdbeerpüree in Gläser schichten, mit den Erdbeerwürfeln sowie der restlichen Schokolade bestreuen und den beiden übrigen Erdbeeren toppen.

Mit dem Erdbeer-Sojajoghurt-Dessert rauf aufs Sofa oder raus in die Sonne und genüsslich loslöffeln!

Jackys Tipp: Für einen Knuspereffekt im Dessert Knuspermüsli dazugeben. Die Erdbeeren können auch mit Himbeeren oder Blaubeeren gemischt werden. Durch die verschiedenen Obstsorten entsteht im Glas ein schönes Muster – und das Auge isst ja bekanntlich mit.

Blog Liebling

Grießmuffins

fluffig, leicht und lecker

Es gibt nichts Besseres als einen leckeren und kalorienfreundlichen Snack, oder? Die köstlichen Grießmuffins passen zu jeder Gelegenheit – sei es als Mitbringsel zu einer Party, als Snack zwischendurch, als Meal Prep oder einfach als Gebäck zum Kaffee oder Tee. Da die Muffins sich im Kühlschrank einige Tage halten, backe ich sie immer gerne auf Vorrat. So hat man zu jeder Zeit einen tollen Snack griffbereit.

Nährwerte pro Stück: 90 kcal; 16,5 g KH; 5,9 g EW; 1,0 g F

Zutaten für 8 Stück:
- 300 g Skyr (alternativ Magerquark; s. S. 11)
- 1 EL Weizenmehl Type 405 (alternativ Vollkorn-Weizenmehl)
- 2 gestrichene TL Backpulver
- 55 g Weichweizengrieß
- ½ Päckchen Vanille- oder Schokopuddingpulver (18,5 g)
- 1 Ei (Größe M)
- 60 g Xylit (alternativ Erythrit; s. S. 13)
- 80 g Himbeeren

Außerdem:
- 8 Silikon-Muffinförmchen (alternativ Muffin-Backblech mit mindestens 8 Mulden)
- Fett für das Muffin-Backblech (bei Bedarf)

Zubereitungszeit:
7 Minuten +
25 Minuten Backen

Zubereitung:

Den Backofen auf 180 °C Umluft vorheizen.

Alle Zutaten, bis auf die Himbeeren, in einer Schüssel gut verrühren.

Den Teig gleichmäßig auf die Silikon-Muffinförmchen verteilen – sie eignen sich am besten, da der Teig bei Verwendung von Papierförmchen auch nach dem Backen sehr gerne noch daran haften bleibt. Wird ein gewöhnliches Muffin-Backblech verwendet, die Mulden vor dem Füllen leicht einfetten.

Die Himbeeren waschen, trocken tupfen, auf den Teig legen und hineindrücken. Die Muffins im heißen Ofen auf dem Rost 25 Minuten backen. Gegen Ende der Backzeit die Stäbchenprobe durchführen. Dazu mit einem Holzspieß in die Mitte der Muffins stechen – sollte daran noch Teig kleben, die Backzeit um weitere 2–3 Minuten verlängern.

Die Muffins aus dem Ofen nehmen und auskühlen lassen, dann vorsichtig aus den Förmchen lösen und sich schmecken lassen!

Jackys Tipp: Die Muffins mache ich gerne im Wechsel mal in der Schoko-, mal in der Vanillevariante. Beides schmeckt echt lecker, als totaler Schokoladenfan bevorzuge ich allerdings die Schokovariante. Alle Obstsorten, mit denen ich dieses Rezept bisher ausprobiert habe, waren gut, mein Favorit ist jedoch die Himbeere. Die Kerne geben dem Teig im Mund dieses gewisse knackige Etwas.

Gemüsechips

Knabbern ohne Sünde

Zu einem Filme- oder Serienabend gehören auf jeden Fall gute Snacks. Wie wäre es mit gesunden Gemüsechips, die in weniger als zehn Minuten fertig sind? Sie sind einfach in der Zubereitung und superkross.

Nährwerte pro Portion: 103 kcal; 16,5 g KH; 4,5 g EW; 0,8 g F

Zutaten für 2 Portionen:
- 1 Zucchini (250 g)
- 120 g Drillinge (alternativ mehligkochende Kartoffeln)
- 1 Möhre (100 g)
- 1 TL Paprikapulver edelsüß
- Salz

Zubereitungszeit: 10 Minuten

Zubereitung:

Die Zucchini und die Drillinge gründlich waschen. Die Möhre schälen. Das vorbereitete Gemüse auf dem Gemüse- oder Trüffelhobel in sehr dünne Scheiben schneiden.

Die Gemüsescheiben auf einem mit Backpapier ausgelegten Teller verteilen, dabei darauf achten, dass sie nicht übereinanderliegen. Sollte der Platz nicht ausreichen, die Scheiben portionsweise weiterverarbeiten.

Die Gemüsescheiben in der Mikrowelle bei 800 Watt 9 Minuten garen. Prüfen, ob die Scheiben knusprig sind, ansonsten das Gemüse noch einmal 1 Minute in die Mikrowelle stellen.

Die Chips mit Paprikapulver und Salz würzen – dann ab auf die Couch und genießen!

Jackys Tipp: Wer keine Mikrowelle besitzt, kann die Gemüsechips natürlich auch im Ofen zubereiten. Hierzu die Kartoffelscheiben mit etwas Rapsöl beträufeln, würzen und im vorgeheizten Ofen bei 180 °C Umluft 13–15 Minuten backen. Die anderen Gemüsesorten brauchen etwas länger. Zucchini und Möhre backen (je nach Dicke der Scheiben) bei 150 Grad Celsius Umluft 25–35 Minuten. Auch Rote Bete oder Auberginen machen sich übrigens prima als Gemüsechips.

Sommerrezepte

Die Sommermonate sind und bleiben für mich die schönste
und kulinarisch abwechslungsreichste Phase im Jahr!
Keine andere Jahreszeit bietet eine so herrlich bunte
Vielfalt an regionalem Obst und Gemüse. Kommt
mit, ich zeige euch, wie ihr diese frischen Zutaten in
köstliche Mahlzeiten verwandeln könnt.

Clubsandwiches

die schnelle Brotnummer

Das erste Mal habe ich Clubsandwiches im Urlaub auf Kos gegessen – damals war ich sofort hin und weg. Sie schmeckten mir köstlich und seitdem landen sie regelmäßig auf meinem Teller. Sie sind nicht nur extrem lecker, sondern auch echt schnell gemacht.

Nährwerte pro Portion: 429 kcal; 32,3 g KH; 33,7 g EW; 17,0 g F

Zutaten für 2 Portionen:
- 2 Eier (Größe M)
- Bacon-Salz (s. S. 15)
- frisch gemahlener Pfeffer
- 4 Scheiben Vollkorntoast à 25 g (alternativ große Sandwichscheiben)
- 1 große Strauchtomate
- 2 Blätter Eisberg- oder Römersalat
- ½ rote Zwiebel
- 2 EL BBQ-Sauce
- 30 g Frischkäse light (s. S. 11)
- 2 Scheiben Gouda light (s. S. 11)
- 6 Scheiben Hähnchenbrustaufschnitt
- 6 Scheiben Bio-Salatgurke

Zubereitungszeit: 15 Minuten

Zubereitung:

Eine kleine beschichtete Pfanne ohne Fett erhitzen, die Eier hineinschlagen und bei mittlerer Hitze 4–5 Minuten zu Spiegeleiern braten, dabei mit je 1 Prise Bacon-Salz und Pfeffer würzen.

Inzwischen die Brotscheiben im Toaster goldbraun rösten. Die Tomate waschen und in Scheiben schneiden, dabei den Stielansatz entfernen. Die Salatblätter waschen und trocken schleudern. Die Zwiebel schälen, halbieren und in feine Ringe schneiden.

2 Toastscheiben mit je 1 EL BBQ-Sauce, die anderen beiden mit etwas Frischkäse bestreichen.

Die mit BBQ-Sauce bestrichenen Toastscheiben mit Salatblättern, Käse, Hähnchenbrust, Gurken- und Tomatenscheiben, Zwiebelringen und Spiegelei belegen. Abschließend die mit Frischkäse bestrichenen Toastscheiben auflegen.

Die Clubsandwiches auf Teller verteilen und sofort genussvoll hineinbeißen!

Jackys Tipp: Zu dem Clubsandwich schmeckt auch eine in Spalten geschnittene Avocado, ein Tomatensalat, eine Portion selbst gemachte Ofenpommes oder ein Salat, wenn die Clubsandwiches zum Mittag- oder Abendessen serviert werden. Als Aufstrich eignen sich auch Senf, Mayonnaise oder Hamburgersauce.

Kirschpfannkuchen

sommerlich süß

Pfannkuchen oder Eierkuchen sind leckere Klassiker, die in meiner Rezeptsammlung definitiv nicht fehlen dürfen. Darüber freut sich die ganze Familie! Mit diesem Rezept sind sie schnell gemacht und gelingen ganz sicher.

Nährwerte pro Stück: 111 kcal; 14,6 g KH; 5,9 g EW; 2,9 g F

Zutaten für 8 Stück:
Für die Pfannkuchen:
- 3 Eier (Größe M)
- 1 Prise Salz
- 50 g Magerquark (alternativ Skyr; s. S. 11)
- 1 Vanilleschote (alternativ 4 Tropfen Vanillearoma)
- 150 g Weizenmehl Type 405
- 200 ml Mandeldrink ungesüßt (s. S. 11)
- 40 g Erythrit (alternativ Xylit oder Süßstoff; s. S. 13)

Für das Topping:
- 200 g frische Kirschen (alternativ zuckerfreie Kirschen als TK-Ware oder aus dem Glas)

Außerdem:
- 1 EL Rapsöl für die Pfanne (bei Bedarf)

Zubereitungszeit:
15 Minuten +
20 Minuten Ruhen

Zubereitung:

Für die Pfannkuchen die Eier und das Salz in einer Rührschüssel mit den Quirlen des Handrührgeräts oder einem Schneebesen schaumig schlagen. Den Magerquark unterrühren, bis eine cremige Konsistenz entsteht.

Die Vanilleschote mit einem spitzen Messer längs aufschneiden und das Mark mit dem Messerrücken herauskratzen.

Das Vanillemark, das Mehl, den Mandeldrink und das Erythrit zur Eier-Quark-Masse dazugeben, alles zu einem glatten Teig verrühren. Die Schüssel mit einem sauberen Küchentuch bedecken und den Teig 20 Minuten ruhen lassen.

Inzwischen den Backofen auf 50 °C Umluft vorheizen. Für das Topping die Kirschen verlesen, waschen, ohne Stiel halbieren und entsteinen.

Für die Pfannkuchen eine beschichtete Pfanne erhitzen, nicht beschichtete Pfannen dabei leicht fetten. Den Teig kellenweise in die heiße Pfanne geben, mit einigen Kirschhälften belegen und bei mittlerer Hitze von beiden Seiten jeweils 2–3 Minuten goldbraun braten. Den Pfannkuchen auf einen Teller gleiten lassen und im Ofen warm halten, bis alle Pfannkuchen fertig gebacken sind.

Die Pfannkuchen auf Teller verteilen und sich schmecken lassen!

Jackys Tipp: Die Pfannkuchen bestreue ich zusätzlich gerne mit Pudererythrit (s. S. 12/13) und serviere dazu eine Kugel Vanilleeis. Die verwendete Obstsorte darf natürlich wechseln oder bei purem Pfannkuchenhunger auch weggelassen werden.

Tomaten-Lachs-Omelett

volle Proteinpower

Ein Omelett mit Lachs ist eine wahre Eiweißbombe und hält dadurch vor allem auch lange satt. Es ist ruckzuck gemacht, sodass das Omelett sich nicht nur für ein ausgiebiges, spätes Sonntagsfrühstück anbietet.

Nährwerte pro Portion: 407 kcal; 6,3 g KH; 36,5 g EW; 25,7 g F

Zutaten für 2 Portionen:
- 2 Tomaten
- 100 g Räucherlachs
- 6 Eier (Größe M)
- Salz
- frisch gemahlener Pfeffer
- 2 Stängel Dill

Zubereitungszeit:
10 Minuten

Zubereitung:

Die Tomaten waschen und in kleine Würfel schneiden, dabei den Stielansatz entfernen. Den Räucherlachs ebenfalls in kleine Stückchen schneiden.

Die Eier in einer Schüssel verquirlen, dabei mit je 1 Prise Salz und Pfeffer würzen.

Eine kleine beschichtete Pfanne ohne Fett erhitzen, die Eiermasse hineingießen, mit den Tomatenwürfeln bestreuen und bei mittlerer Hitze 2–3 Minuten goldbraun braten.

Inzwischen den Dill waschen, trocken schütteln und die Spitzen in kleine Stücke zupfen.

Das Omelett wenden, mit den Lachswürfeln bestreuen und weitere 1–2 Minuten fertig braten.

Das Omelett auf einen Teller gleiten lassen, mit den Dillspitzen toppen und sich zu zweit schmecken lassen!

Jackys Tipp: Zum Omelett esse ich sehr gerne Vollkornbrot mit Butter oder Frischkäse. Hin und wieder streue ich, wenn ich das Omelett bereits gewendet habe, etwas Reibekäse darüber. Sehr lecker!

69

Quarkauflauf

cremig und leicht

Den Quarkauflauf kann man nicht nur frisch und warm verzehren, sondern auch kalt, wenn man bei der Arbeit keine Möglichkeit hat, ihn wieder warm zu machen. In jedem Fall eignet sich dieses Gericht hervorragend als Meal Prep. Ich bevorzuge den Auflauf warm, kalt erinnert er an einen leckeren Käsekuchen, was auch nicht zu verachten ist.

Nährwerte pro Portion: 395 kcal; 57,4 g KH; 33,1 g EW; 7,6 g F

Zutaten für 2 Portionen:
- 100 g Johannisbeeren
- 2 Eier (Größe M)
- 60 g Xylit (alternativ Erythrit oder Süßstoff; s. S. 13)
- 400 g Magerquark (s. S. 11)
- 100 ml Mandeldrink ungesüßt (alternativ fettarme Milch oder andere pflanzliche Milchalternative; s. S. 11)
- 1 Päckchen Vanillepuddingpulver (37 g)
- Salz

Außerdem:
- Auflaufform (18 × 18 cm)

Zubereitungszeit:
10 Minuten + 40 Minuten Backen

Zubereitung:
Den Backofen auf 170 °C Umluft vorheizen. Die Johannisbeeren verlesen, waschen, trocken tupfen und von den Rispen streifen.

Die Eier und das Xylit mit den Quirlen des Handrührgeräts schaumig schlagen. Den Quark, den Mandeldrink, das Puddingpulver und 1 Prise Salz dazugeben und alles cremig verrühren.

Den Teig gleichmäßig in die Auflaufform füllen, die Beeren darauf verteilen und leicht eindrücken.

Den Quarkauflauf im heißen Ofen 40 Minuten backen. Gegen Ende der Backzeit die Stäbchenprobe durchführen. Dazu mit einem Holzspieß in die Mitte des Auflaufs stechen – sollte daran noch Teig kleben, die Backzeit um weitere 2–3 Minuten verlängern.

Den Quarkauflauf aus dem Ofen nehmen und leicht abgekühlt, aber noch schön warm genießen!

Jackys Tipp: Hin und wieder toppe ich den Quarkauflauf zusätzlich mit Vanille- oder Schokosauce, denn damit schmeckt er mir NOCH etwas besser. Pudererythrit (s. S. 12/13) steht dem Quarkauflauf als Topping ebenfalls sehr gut. Unter den Teig kann man vor dem Backen auch noch zwei bis drei Esslöffel Weichweizengrieß mischen, das macht die Konsistenz des Auflaufs etwas fester.

Smoothie Bowl

fruchtig und kühl

Eine köstliche, sommerliche Smoothie Bowl ist genau das Richtige an einem heißen Sommermorgen. Durch die gefrorene Banane ist die Bowl schön kühl und durch das knusprige Topping wird sie zur perfekten Mischung aus Cremigkeit und Crunch.

Nährwerte pro Portion: 445 kcal; 55,6 g KH; 20,3 g EW; 8,8 g F

Zutaten für 2 Portionen:
Für das Topping:
- 25 g Himbeeren
- 25 g Blaubeeren
- 1 EL Kokosraspel
- 2 EL Granola (Rezept s. S. 152/153)
- 2 TL Mandelmus ungesüßt

Für die Bowl:
- 2 reife Bananen, gefroren
- 200 g Himbeeren und Blaubeeren (TK-Ware)
- 250 g Magerquark (alternativ Skyr oder fettarmer Joghurt; s. S. 11)
- 1 EL Honig

Zubereitungszeit: 15 Minuten

Zubereitung:
Für das Topping die Himbeeren und die Blaubeeren verlesen, vorsichtig waschen und trocken tupfen.

Für die Bowl alle Zutaten im Standmixer oder mit dem Stabmixer zerkleinern, bis die Masse eine eiscremeähnliche Konsistenz hat.

Die Smoothie Bowl auf zwei Schalen verteilen, das Topping darauf anrichten und schnell loslöffeln!

Jackys Tipp: Ich friere reife Bananen im Sommer immer ein – so kann ich spontan darauf zurückgreifen und mir eine leckere Smoothie Bowl oder einen Bananenshake machen. Vor dem Einfrieren schäle ich die Banane, schneide sie in Scheiben und lege sie in eine gefriergeeignete Dose. Am besten geht das schichtweise, jeweils getrennt von einem Streifen Backpapier – dann lassen sich die Scheiben gut portionieren.

73

Garnelenpasta

Urlaub auf dem Teller

Die Kombination aus Pasta und Garnelen erinnert mich immer an meinen Urlaub auf den Kanarischen Inseln. Gefühlt habe ich das dort täglich gegessen, weil es so köstlich ist. Holen wir uns mit diesem leckeren Rezept, das auch noch im Nullkommanichts zubereitet ist, ruhig ab und zu ein wenig Urlaubsflair nach Hause!

Nährwerte pro Portion: 551 kcal; 54,2 g KH; 38,0 g EW; 18,9 g F

Zutaten für 2 Portionen:
- 140 g Orecchiette (italienische »Öhrchen«-Nudeln)
- Salz
- 250 g Garnelen (ohne Kopf und Schale; entdarmt)
- 1 Knoblauchzehe
- 1 EL Rapsöl
- 1 TL Zitronensaft (alternativ ½ TL Bio-Zitronenabrieb)
- 250 ml Soja-Kochcreme light (alternativ Sahne oder andere Kochcreme; s. S. 11)
- 100 ml Gemüsebrühe (Rezept s. S. 15)
- frisch gemahlener Pfeffer
- 2 Stängel glatte Petersilie
- 20 g geriebener Grana Padano (s. S. 11)

Zubereitungszeit: 20 Minuten

Zubereitung:

Die Nudeln in reichlich Salzwasser nach Packungsanleitung nicht ganz bissfest garen – sie kochen später noch kurz in der Sauce mit.

Inzwischen die Garnelen unter fließendem kaltem Wasser abspülen, mit Küchenpapier trocken tupfen und mit Salz leicht würzen. Den Knoblauch schälen und in feine Würfel schneiden.

Das Öl in einer Pfanne erhitzen und die Garnelen darin mit dem Knoblauch rundherum anbraten. Den Zitronensaft hinzugeben und alles gut durchschwenken.

Die Soja-Kochcreme und die Gemüsebrühe angießen, mit Pfeffer leicht würzen und die Sauce bei mittlerer Hitze 10 Minuten köcheln.

In dieser Zeit die fertigen Orecchiette in ein Sieb abgießen und abtropfen lassen. Die Nudeln unter die Garnelen heben und weitere 5 Minuten mitgaren.

Währenddessen die Petersilie waschen, trocken schütteln und wahlweise mit oder ohne Stängel fein schneiden.

Die Garnelenpasta auf Teller verteilen und mit dem Grana Padano sowie der Petersilie bestreut ganz schnell genießen!

Jackys Tipp: Die Garnelen lassen sich auch durch helles, festes Fleisch oder Tofu austauschen. Sollte die Sauce zu flüssig sein, kann mit etwas Speisestärke oder mehr Soja-Kochcreme nachgeholfen werden.

Blog Liebling

Nudelsalat

mediterran und lecker

Ob als Beilage beim Grillen, als Mitbringsel zur Party oder als Hauptspeise zu Hause – dieser Nudelsalat eignet sich hervorragend für alle Gelegenheiten. Er ist schnell und einfach zubereitet und ein wahrer Gaumenschmaus. Luftdicht verschlossen kann er im Kühlschrank zwei bis drei Tage aufbewahrt werden.

Nährwerte pro Portion: 446 kcal; 63,1 g KH; 17,9 g EW; 13,4 g F

Zutaten für 2 Portionen:
- 40 g (Mini-) Vollkorn-Penne
- Salz
- 250 g Cherrytomaten
- 2 Frühlingszwiebeln
- 1 Knoblauchzehe
- 60 g Schafskäse light (s. S. 11)
- 2 TL Pinienkerne
- 1 EL Rapsöl
- 2 EL weißer Balsamico-Essig
- 3 EL Kresse
- 2 EL gehackte italienische Kräuter (z. B. Basilikum, Rucola, Oregano)
- frisch gemahlener Pfeffer

Zubereitungszeit: 20 Minuten

Zubereitung:

Die Nudeln in reichlich Salzwasser nach Packungsanleitung bissfest garen.

Inzwischen die Tomaten waschen und halbieren. Die Frühlingszwiebeln putzen, waschen und den weißen bis hellgrünen Teil in dünne Ringe schneiden. Den Knoblauch schälen und in feine Würfel schneiden. Den Schafskäse mit Küchenpapier trocken tupfen und mit der Hand zerbröseln.

Die Pinienkerne in einer kleinen beschichteten Pfanne ohne Fett bei mittlerer Hitze goldbraun rösten. In eine Schüssel füllen und abkühlen lassen.

Die fertigen Nudeln in ein Sieb abgießen und abtropfen lassen, dann in eine große Schüssel umfüllen. Die vorbereiteten Zutaten mit dem Öl, dem Essig, der Kresse und den italienischen Kräutern durchmischen. Mit Salz und Pfeffer abschmecken.

Den Nudelsalat auf Teller verteilen, mit den Pinienkernen bestreuen und sich schmecken lassen!

Jackys Tipp: Ich bereite den mediterranen Nudelsalat hin und wieder auch gerne mit Rucola oder getrockneten Tomaten anstelle von frischen Cherrytomaten zu. Sie machen seinen Geschmack noch etwas kräftiger.

Bunter Salat

leichter Vitaminmix

Im Sommer könnte ich täglich Salat essen – so vielseitig und leicht, wie er ist. Meine liebste Kombination habe ich in diesem Rezept festgehalten. Als Beilage mag ich gerne Laugenbrötchen, Knoblauchbrot aus dem Ofen, Thunfisch oder gebratene Hähnchenbrustwürfel.

Nährwerte pro Portion ohne Dressing: 586 kcal; 42,2 g KH; 29,5 g EW; 28,2 g F
Nährwerte pro Portion mit Dressing: 692 kcal; 52,1 g KH; 30,6 g EW; 34,6 g F

Zutaten für 2 Portionen:
- 250 g braune Champignons
- 1 EL Rapsöl
- 1 Kopf Blattsalat (z. B. Lollo rosso, Lollo bionda, Eichblatt oder Eisbergsalat)
- 150 g Cherrytomaten
- ½ Bio-Salatgurke
- 1 rote Paprikaschote
- 6 Radieschen
- ½ rote Zwiebel
- 150 g Mais (Dose)
- 150 g Kidneybohnen (Dose)
- 4 EL Salatkernemix

Außerdem:
- 2 Portionen Honig-Senf-Dressing (Rezept s. S. 16)

Zubereitungszeit:
20 Minuten

Zubereitung:
Die Champignons putzen, bei Bedarf mit Küchenpapier trocken abreiben und in Scheiben schneiden. Das Öl in einer Pfanne erhitzen und die Champignonscheiben darin bei mittlerer bis starker Hitze goldbraun braten, dann die Pfanne vom Herd ziehen.

Inzwischen die Salatblätter waschen, trocken schleudern und in Streifen schneiden oder in mundgerechte Stücke zupfen. Die Tomaten, die Gurke und die Paprikaschote waschen. Die Tomaten halbieren, die Gurke in dünne Scheiben schneiden, die Paprika halbieren, entkernen und in kleine Würfel schneiden.

Die Radieschen putzen, waschen, von Wurzel- sowie Stielansätzen befreien und in feine Scheiben hobeln. Die Zwiebel schälen und in feine Ringe schneiden. Den Mais und die Kidneybohnen in ein Sieb abgießen, kurz abspülen und abtropfen lassen.

Alle vorbereiteten Zutaten, bis auf die Champignons, in einer Schüssel mit dem Dressing übergießen, gut vermischen und auf zwei tiefe Teller verteilen.

Den Salat auf den Tellern mit den Champignons und dem Salatkernemix toppen und genießen!

Jackys Tipp: Anstelle des Honig-Senf-Dressings passt hier auch ein Joghurtdressing (Rezept s. S. 16) oder eine klassische Vinaigrette aus Öl mit Essig, Salz und Pfeffer. Der Salat ist der ideale Begleiter in der Lunchbox. Hierzu empfehle ich, das Dressing separat vom Salat in einem kleinen Schraubglas zu transportieren.

Couscoussalat

bunt und lecker

Ein Couscoussalat gehört zu den Salaten der schnellen Sorte, da er im Handumdrehen zubereitet ist. Er eignet sich hervorragend als Hauptspeise, aber auch als Beilage zum Beispiel beim Grillen. Ich mag den Couscoussalat vor allem als Meal-Prep-Gericht, da man ihn auch kalt essen kann und somit keine Küche zum Aufwärmen braucht.

Nährwerte pro Portion: 389 kcal; 51,0 g KH; 20,3 g EW; 9,6 g F

Zutaten für 2 Portionen:
- 160 ml Gemüsebrühe (Rezept s. S. 15)
- 100 g Couscous
- 150 g Cherrytomaten
- 1 Zucchini
- 6 Stängel glatte Petersilie
- 60 g Schafskäse light (s. S. 11)
- 100 g Erbsen (TK-Ware; aufgetaut)
- 2 TL Rapsöl
- Salz
- frisch gemahlener Pfeffer

Zubereitungszeit: 15 Minuten

Zubereitung:

Die Gemüsebrühe in einem Topf aufkochen, den Couscous einrühren und bei niedriger Hitze garen, bis er die Flüssigkeit komplett aufgenommen hat.

In dieser Zeit Cherrytomaten, Zucchini und Petersilie waschen. Die Tomaten halbieren, die Zucchini ohne Stielansatz in kleine Würfel schneiden. Die Petersilie trocken schütteln und ruhig mit den Stängeln fein schneiden. Den Schafskäse mit Küchenpapier abtupfen und in kleine Stücke bröseln.

Den Couscous mit dem vorbereiteten Gemüse, dem Schafskäse und dem Rapsöl in einer Schüssel gut vermischen, mit Salz und Pfeffer abschmecken und sich schmecken lassen.

Jackys Tipp: Für eine bessere Sättigung kann man den Couscoussalat mit noch mehr ballaststoffreichem Gemüse strecken oder gebratene Tofu- oder Hähnchenwürfel dazugeben.

81

Ofengemüse mit Tofu

flottes Veggieblech

Die meiste Arbeit bei diesem Gericht erledigt der Ofen selbst.
Das Gemüse kann man bereits am Vortag vorbereiten und luftdicht
verpackt im Kühlschrank aufbewahren. Als Beilage passt noch ein
leckerer Knoblauchdip dazu.

Nährwerte Ofengemüse pro Portion: 662 kcal; 57,5 g KH; 36,0 g EW; 26,4 g F
Nährwerte Dip pro Portion: 51 kcal; 4,7 g KH; 3,3 g EW; 1,5 g F

Zutaten für 2 Portionen:
- 2 Paprikaschoten
- 1 Zucchini
- 150 g Drillinge (alternativ mehligkochende Kartoffeln)
- 2 Möhren (300 g)
- ½ Brokkoli (250 g)
- ½ Blumenkohl (250 g)
- 1 Zwiebel
- 200 g Räuchertofu
- 2 EL Olivenöl
- 1 TL gehackte italienische Kräuter (TK-Ware oder getrocknet)
- ½ TL Oreganoblättchen (getrocknet)
- Salz
- frisch gemahlener Pfeffer
- 2 Zweige Rosmarin

Außerdem:
- Auflaufform

Zubereitungszeit:
15 Minuten +
20 Minuten Backen

Zubereitung:

Den Ofen auf 190 °C Umluft vorheizen. Die Paprikaschoten, die Zucchini und die Drillinge waschen. Die Paprika halbieren, entkernen und in Streifen schneiden. Die Zucchini der Länge nach halbieren und ohne Stielansatz in Scheiben schneiden. Die Drillinge vierteln. Die Möhren schälen, quer halbieren und die Hälften längs in Stifte schneiden.

Den Brokkoli und den Blumenkohl putzen, waschen und in kleine Röschen schneiden. Die Zwiebel schälen und in Ringe schneiden. Den Räuchertofu in kleine Würfel schneiden.

Das vorbereitete Gemüse und den Tofu in eine Schüssel geben und mit dem Öl, den italienischen Kräutern, dem Oregano sowie je 1 guten Prise Salz und Pfeffer mischen. Den Rosmarin waschen und trocken schütteln.

Die Mischung mit dem Rosmarin auf einem mit Backpapier ausgelegten Blech oder in einer Auflaufform passender Größe verteilen und im heißen Ofen etwa 20 Minuten garen.

Das fertige Ofengemüse mit Knoblauchdip (Rezept s. Tipp) servieren und sich schmecken lassen!

Jackys Tipp: Für den Knoblauchdip 200 Gramm fettarmen Joghurt (s. S. 11) in einer Schüssel cremig rühren und mit Salz und Pfeffer würzen. 1 Knoblauchzehe schälen und in feinste Würfel schneiden. 2 Stängel glatte Petersilie waschen, trocken schütteln und nach Belieben mit oder ohne Stängel fein schneiden. Den Knoblauch und die Petersilie unter den Joghurt rühren.

Blog Liebling

Thunfischwraps

gerollte Köstlichkeiten

Die köstlichen Thunfischwraps sind vor allem ideal als Meal Prep, wenn man bei der Arbeit keine Möglichkeit hat, sein Essen aufzuwärmen. Sie eignen sich aber auch zum Mitnehmen für ein Picknick oder natürlich einfach so als Hauptspeise. Als Begleiter machen hier ein gemischter Salat oder selbst gemachte Kartoffelwedges eine gute Figur.

Nährwerte pro Portion: 581 kcal; 77,5 g KH; 32,6 g EW; 12,3 g F

Zutaten für 2 Portionen:
- 1 rote Paprikaschote
- 6 Blätter Eisbergsalat
- 1 rote Zwiebel
- 150 g Mais (Dose)
- 150 g Thunfisch im eigenen Saft (Dose; Abtropfgewicht)
- 4 EL leichte Salatcreme (10 % Fett)
- Salz
- frisch gemahlener Pfeffer
- 4 Vollkornwraps

*Zubereitungszeit:
20 Minuten*

Zubereitung:

Die Paprikaschote waschen, halbieren, entkernen und in schmale Streifen schneiden. Den Salat waschen, trocken schleudern und ebenfalls in Streifen schneiden oder in mundgerechte Stücke zupfen. Die Zwiebel schälen und in feine Würfel schneiden.

Den Mais in ein Sieb abgießen, kurz abspülen und abtropfen lassen. Den Thunfischsaft abgießen und das Fischfleisch mit einer Gabel klein zupfen.

Den Mais, die Zwiebel und den Thunfisch in einer Schüssel mit der Salatcreme verrühren und mit Salz und Pfeffer abschmecken.

Die Paprika und den Salat als Streifen in die Mitte der Wraps geben und die Thunfischmischung darauf verteilen. Die Seiten der Fladen zur Mitte einschlagen und die Wraps aufrollen. Guten Appetit!

Jackys Tipp: Da ich meistens nicht alle Wraps aus einer Packung sofort aufbrauche, bewahre ich sie in einer Frischhaltebox oder in einem Gefrierbeutel mit Zippverschluss im Kühlschrank oder im Gefrierfach auf. Bevor sie dorthin wandern, löse ich die einzelnen Fladen einmal voneinander, sodass man sie im gefrorenen Zustand besser einzeln entnehmen kann.

Gurkensalat

mit Stremellachs – fischig frisch

Ein guter Gurkensalat passt zu vielen Gerichten – egal ob zu Fisch, Fleisch, einem vegetarischen Cordon bleu oder einem leckeren Auflauf. Mit dem Lachs wird er zum abendlichen Hauptdarsteller. Dieses Rezept ist vom Gurkensalat meiner Oma inspiriert und wie wir alle wissen, schmeckt es bei Oma am besten.

Nährwerte pro Portion: 366 kcal; 7,9 g KH; 36 g EW; 20,8 g F
Nährwerte pro Portion ohne Fisch: 93 kcal; 7,8 g KH; 2,7 g EW; 5,3 g F

Zutaten für 2 Portionen:
- 1 Bio-Salatgurke
- 1 TL Zitronensaft
- 1 TL Xylit (alternativ Erythrit; s. S. 13)
- Salz
- 250 g Stremellachs
- 2 Stängel Dill
- 60 g Crème légère (alternativ saure Sahne; s. S. 11)
- 60 g fettarmer Joghurt (s. S. 11)
- frisch gemahlener Pfeffer

Zubereitungszeit:
10 Minuten +
15 Minuten Ruhen

Zubereitung:

Die Gurke gründlich waschen, trocken reiben und in feine Scheiben hobeln. Werden keine Bio-Gurken verwendet, diese vorher schälen.

Die Gurkenscheiben in einer Schüssel mit dem Zitronensaft, dem Erythrit und 1 Prise Salz verrühren. Die Schüssel abgedeckt 15 Minuten beiseitestellen und die Gurke ziehen lassen, das macht sie weicher.

Eine beschichtete Pfanne ohne Fett erhitzen und den Stremellachs darin bei mittlerer Hitze von beiden Seiten 1–2 Minuten anbraten. Hier wird kein Fett benötigt, da der Fisch genügend Fett beinhaltet.

Inzwischen den Dill waschen, trocken schütteln und die Spitzen in kleine Stücke zupfen.

Das ausgetretene Gurkenwasser vorsichtig abgießen. Die Crème légère, den Joghurt, den Dill sowie je 1 Prise Salz und Pfeffer dazugeben und verrühren.

Den Gurkensalat auf kleine Schälchen verteilen, den Stremellachs klein zupfen, auf den Salat legen und sich anschließend schmecken lassen!

Jackys Tipp: Als zusätzliche Sättigungsbeilage passt eine Scheibe Baguette perfekt dazu. Das Dressing für den Gurkensalat lässt sich übrigens auch auf Vorrat zubereiten und drei bis vier Tage im Kühlschrank aufbewahren. So kann man spontan einen leckeren Gurkensalat zubereiten. Zur Aufbewahrung verwende ich kleine Glasflaschen oder eine luftdichte Dose.

Bohnencurry
fruchtig und pikant

Frisches Bohnengemüse trifft auf ein leckeres, mildes Kokosmilchcurry. Es schmeckt nicht nur frisch, sondern auch noch am nächsten Tag – und dann eigentlich noch besser, weil es schön durchgezogen ist. Portionsweise eingefroren, ist das Bohnencurry ein kulinarischer Retter nach langen Arbeitstagen.

Nährwerte pro Portion: 619 kcal; 75,8 g KH; 22,8 g EW; 20,8 g F

Zutaten für 2 Portionen:
- 120 g Vollkorn-Basmatireis
- Salz
- 100 g Blumenkohl
- 100 g Prinzessbohnen
- 100 g Kichererbsen (Dose)
- 40 g rote Currypaste (alternativ auch grüne oder gelbe)
- 200 ml Kokosmilch light (alternativ andere Kokosmilch, Kochsahne oder Sahne; s. S. 11)
- 250 ml passierte Tomaten
- ½ TL schwarze Sesamsamen
- ½ TL weiße Sesamsamen

Zubereitungszeit:
30 Minuten

Zubereitung:
Den Reis in Salzwasser nach Packungsanleitung weich garen.

Inzwischen den Blumenkohl und die Prinzessbohnen putzen und waschen. Den Blumenkohl in kleine Röschen schneiden, die Bohnen von den Enden befreien und je nach Länge halbieren. Die Kichererbsen in ein Sieb abgießen, kurz abspülen und abtropfen lassen.

Die Currypaste in einer Pfanne mit der Kokosmilch und den passierten Tomaten verrühren und aufkochen.

Das vorbereitete Gemüse mit den abgetropften Kichererbsen und 1 Prise Salz unter die Currysauce heben, aufkochen und das Curry bei mittlerer Hitze 10 Minuten garen. Noch einmal mit Salz abschmecken.

Den Reis und das Curry auf Teller verteilen und mit Sesam bestreut genießen!

Jackys Tipp: Nicht jeder mag oder verträgt scharfes Essen – die scharfe Currypaste kann selbstverständlich durch eine milde ersetzt werden. Ergänzend passen zum Curry auch Tofu oder ein helles Fleisch, wie zum Beispiel Hähnchen oder Pute.

Dillfisch

kartoffelig gut

Mindestens einmal in der Woche landet Fisch auf meinem Teller – am liebsten kombiniere ich ihn mit Kartoffeln. Und wer noch eine Gemüsebeilage sucht, bereitet den leckeren Gurkensalat von Seite 86/87 ohne den Stremellachs zu.

Nährwerte pro Portion: 433 kcal; 43,6 g KH; 36,9 g EW; 10,2 g F

Zutaten für 2 Portionen:
- 500 g vorwiegend fest-kochende Kartoffeln
- Salz
- 250 g Seelachsfilet
- 2 Stängel Dill
- 200 g Frischkäse light (s. S. 11)
- 50 ml Soja-Kochcreme light (alternativ Sahne oder andere Koch-creme; s. S. 11)
- 1 EL Dijonsenf
- 50 ml Gemüsebrühe (Rezept s. S. 15)
- frisch gemahlener Pfeffer
- 1 EL Rapsöl

Zubereitungszeit: 25 Minuten

Zubereitung:

Die Kartoffeln schälen, waschen, in Stücke schneiden, in einem Topf mit leicht gesalzenem Wasser bedecken, aufkochen und 15–20 Minuten weich garen.

Inzwischen das Seelachsfilet unter fließendem kaltem Wasser abspülen und mit Küchenpapier trocken tupfen. Das Filet auf Gräten prüfen und vorhandene ziehen. Den Dill waschen, trocken schütteln, die Spitzen abzupfen und fein schneiden.

Den Frischkäse, die Soja-Kochcreme, den Senf, die Gemüsebrühe, je 1 Prise Salz und Pfeffer in einem Topf erhitzen, bei mittlerer Hitze 5 Minuten köcheln, dann den Dill hinzufügen.

In dieser Zeit das Öl in einer Pfanne erhitzen und das Seelachsfilet darin auf der Fleischseite bei mittlerer Hitze 2–3 Minuten braten, dann wenden und bei niedriger Hitze weitere 2–3 Minuten gar ziehen lassen. Die Fischpfanne vom Herd ziehen und den Seelachs kurz ruhen lassen.

Die Kartoffelstücke nach 15 Minuten Garzeit mit einer Gabel einstechen – wenn sie einfach wieder heruntergleiten, sind sie fertig. Ansonsten die Kochzeit um einige Minuten verlängern.

Die Kartoffeln und den Fisch auf einem Teller anrichten, mit Soße übergießen und sich schmecken lassen.

Jackys Tipp: Zum Fisch passt anstelle von Kartoffeln auch Reis. Hierzu empfehle ich Basmati, Wildreis oder deftigen Sadri Dudi. Der geräucherte Sadri-Dudi-Reis gehört zu den Langkorn-Reissorten und hat einen weichen und cremigen Kern. Darüber hinaus besitzt er ein wahnsinnig intensives und würziges Aroma.

Spinat-One-Pot

Poppeys Lieblingspasta

One-Pot-Pasta ist immer wieder der Renner bei uns zu Hause, weil sie so schön schnell und einfach gemacht ist. Durch ihre unkomplizierte Zubereitung bringt sie auch Kochmuffel und Kochanfänger an den Herd.

Nährwerte pro Portion: 378 kcal; 59,7 g KH; 17,3 g EW; 7,1 g F

Zutaten für 2 Portionen:
- 250 g Cherrytomaten
- 1 Knoblauchzehe
- 140 g Vollkornnudeln
- 400 ml Gemüsebrühe (Rezept s. S. 15)
- 300 ml passierte Tomaten
- 4 EL Crème légère (alternativ saure Sahne; s. S. 11)
- Salz
- frisch gemahlener Pfeffer
- 200 g frischer Babyspinat

Zubereitungszeit: 25 Minuten

Zubereitung:

Die Cherrytomaten waschen und halbieren. Die Knoblauchzehe schälen und in feine Würfel schneiden.

Alle Zutaten, bis auf den Spinat, mit je 1 Prise Salz und Pfeffer in einen Topf geben und offen aufkochen.

Die Temperatur auf mittlere Hitze reduzieren und den Topfinhalt offen weitere 20 Minuten garen. Dabei zwischendurch regelmäßig umrühren, damit die Pasta nicht am Topfboden anbrennt.

Etwa 10 Minuten vor Ende der Garzeit den Spinat verlesen, waschen, hinzugeben und die letzten 5 Minuten mitgaren. Noch einmal mit Salz und Pfeffer abschmecken.

Nach 20 Minuten Garzeit eine Nudel testen. Sollte sie noch zu hart sein, die One-Pot-Pasta ein paar Minuten weiterkochen, bis die Nudeln den gewünschten Gargrad haben. Bei Bedarf etwas mehr Gemüsebrühe oder Wasser hinzugeben.

Den Spinat-One-Pot auf Teller verteilen und genießen!

Jackys Tipp: Zu dieser One-Pot-Pasta passen zusätzlich braune Champignons. Diese werden geputzt, bei Bedarf mit Küchenpapier trocken abgerieben, in Scheiben geschnitten, in etwas Öl angebraten und am Ende der Garzeit dazugegeben.

Müsliriegel

gesund und für viel Power

Leckere Müsliriegel eignen sich hervorragend als Pausensnack oder to go. Vor allem, wenn ich länger unterwegs bin, greife ich gerne auf etwas Obst oder einen solchen Riegel zurück. Das Beste an selbst gemachten Müsliriegeln ist, dass man weiß, was drin ist.

Nährwerte pro Stück: 120 kcal; 18,3 g KH; 2,8 g EW; 3,3 g F

Zutaten für 14 Stück:
- 50 g getrocknete Bananenscheiben (alternativ anderes Trockenobst)
- 200 g kernige Haferflocken
- 50 g Kokoschips (alternativ Kokosraspel)
- 50 g Erythrit (alternativ Xylit; s. S. 13)
- 70 g Weizenmehl Type 405
- 1 Prise Salz
- 130 g Apfelmark (alternativ Apfelmus)
- 50 g Honig (alternativ Reissirup; s. S. 13)

Außerdem:
- Silikon-Müsliriegelform mit 14 Mulden oder Backrahmen (30 × 30 cm)

*Zubereitungszeit:
5 Minuten +
22 Minuten Backen*

Zubereitung:
Den Backofen auf 180 °C Umluft vorheizen.

Die Bananenscheiben grob hacken und mit allen weiteren trockenen Zutaten gut vermischen.

Das Apfelmark und den Honig in die Müslimischung geben und gut verrühren.

Den Teig in den Mulden der Müsliriegelform verteilen oder auf einem mit Backpapier ausgelegten Blech gleichmäßig im Backrahmen ausstreichen.

Die Müsliriegel im heißen Ofen 22 Minuten goldgelb backen, dann herausnehmen und in der Riegelform auskühlen lassen oder den Backrahmen abziehen und die Platte noch warm in 14 Riegel schneiden.

Mitnehmen oder sich zwischendurch schmecken lassen!

Jackys Tipp: Für mehr Abwechslung bereite ich die Riegel auch gerne mit Trockenobst, verschiedenen Nüssen, Samen, Zimt oder mit Schokolade umhüllt zu. Hierzu Schokolade über einem Wasserbad schmelzen und die Riegel zur Hälfte hineintauchen. Anstelle der kernigen Haferflocken kann auch zuckerfreies Müsli verwendet werden. In einer Blechdose aufbewahrt, bleiben die Müsliriegel etwa zwei Wochen frisch.

Erdbeerquark

leichter Sommertraum

Duftend süße Erdbeeren sind für mich im Sommer ein Muss. Am liebsten pflücke ich sie auf einem Erdbeerfeld selbst. Das Praktische daran: So war man direkt an der frischen Luft und hat ein paar Schritte getan. Kombiniert mit einer leichten Quarkmousse wie dieser, sind Erdbeeren einfach ein Traum.

Nährwerte pro Portion: 372 kcal; 36,9 g KH; 21,8 g EW; 18,2 g F

Zutaten für 2 Portionen:
- 150 g Erdbeeren
- 120 g Creme zum Aufschlagen, z. B. Cremefine (alternativ Sahne; s. S. 11)
- 300 g Magerquark (alternativ Skyr; s. S. 11)
- 40 g Xylit (alternativ Erythrit; s. S. 13)
- 1 TL gehackte Pistazienkerne
- 2 TL geraspelte weiße Schokolade

Zubereitungszeit:
15 Minuten

Zubereitung:
Die Erdbeeren verlesen, waschen und zwei besonders schöne Exemplare für die Garnitur beiseitelegen.

Den Stielansatz der übrigen Erdbeeren entfernen und die Früchte in einem hohen Rührbecher mit dem Stabmixer pürieren.

Die Creme zum Aufschlagen in einer Rührschüssel mit den Quirlen des Handrührgeräts zu einer sahnigen Masse rühren.

Den Magerquark, das Xylit und das Erdbeerpüree in einer zweiten Rührschüssel ebenfalls mit den Quirlen des Handrührgeräts schaumig aufschlagen.

Die sahnige Masse vorsichtig unter die Quarkmischung heben und in zwei Gläser beziehungsweise Schalen füllen. Die beiden übrigen Erdbeeren in Scheiben schneiden und dekorativ auf dem Quark verteilen.

Das Dessert mit den gehackten Pistazien und der Raspelschokolade bestreuen und genießen!

Jackys Tipp: Der Quark kann drei bis vier Tage im Kühlschrank aufbewahrt werden. Man kann ihn auch halb gefroren servieren, dann ähnelt er einem Sorbet. Hierzu den Erdbeerquark vor dem Essen einfach 30–40 Minuten ins Gefrierfach stellen.

Bananensplit

Fünf-Minuten-Snack

Ein Bananensplit aus der Eisdiele schmeckt richtig lecker, aber meine Variante ist im Sommer eine tolle Alternative zum Original. Für dieses Rezept, da bin ich mir fast sicher, hat man immer alles zu Hause, sodass man sich diesen Snack jederzeit und spontan zubereiten kann.

Nährwerte pro Portion: 466 kcal; 42,6 g KH; 13,1 g EW; 24,6 g F

Zutaten für 2 Portionen:
- 2 Bananen
- 1 Vanilleschote (alternativ 4 Tropfen Vanillearoma)
- 300 g Sojajoghurt (alternativ Magermilchjoghurt; s. S. 11)
- 8 kleine Minzeblätter
- 20 g vegane Zartbitterschokolade (alternativ zuckerfreie Schokosauce)
- 2 TL Mandelmus ungesüßt
- 20 g Mandelstifte
- 2 EL Kokosraspel
- 20 g vegane Schokotropfen (alternativ 20 g vegane Zartbitterschokolade, gehackt)

Zubereitungszeit:
5 Minuten

Zubereitung:
Die Bananen schälen, der Länge nach aufschneiden, aber nicht komplett durchschneiden.

Die Vanilleschote mit einem spitzen Messer längs aufschneiden und das Mark mit dem Messerrücken herauskratzen. Den Sojajoghurt in einer kleinen Schüssel mit dem Vanillemark verrühren.

Die Minzeblätter waschen, trocken schütteln, auf die Handfläche einer Hand legen und ein- bis zweimal mit der anderen Hand »schlagen« – dadurch entfaltet die Minze ihr Aroma noch besser.

Auf zwei flachen Tellern jeweils die Hälfte des Vanillesojajoghurts zu einer Linie ausstreichen, je 1 Banane auflegen und die beiden Hälften vorsichtig auseinanderdrücken.

Die Zartbitterschokolade grob hacken und über einem heißen Wasserbad schmelzen.

Die Bananen mit kleinen Klecksen Mandelmus, den Mandelstiften, den Kokosraspeln, den Schokotropfen und der Schokosauce verzieren. Guten Appetit!

Jackys Tipp: Zum Bananensplit esse ich sehr gerne eine Kugel Vanilleeis. Um es über der Banane möglichst gut verteilen zu können, entnehme ich es der Packung mit Teelöffeln. Ich verwende gerne Sojajoghurt, da er von Natur aus süßer ist und besser zum Bananensplit passt als ein eher säuerlicher Naturjoghurt.

Melonen-Erdbeer-Eis

gesunde Abkühlung

Kein Obst erfrischt im Sommer besser als Wassermelone und, wie schon erwähnt, Erdbeeren sind jedes Jahr für mich ein Muss. Das Dritte, was mir zum absoluten Sommerglück fehlt, ist nun nur noch ein Eis. Wie wäre es also, wenn man diese Leckereien miteinander kombiniert? Voilà, da ist es, das perfekte Sommerrezept!

Nährwerte pro Stück: 55 kcal; 8,3 g KH; 1,8 g EW; 1,3 g F

Zutaten für 8 Stück:
- 200 g Erdbeeren
- 200 g Wassermelone
- 3 TL Zitronensaft
- 40 g Reissirup (alternativ Agavendicksaft, Honig oder Erythrit; s. S. 13)
- 300 g Kokosjoghurt (alternativ griechischer Joghurt; s. S. 11)

Außerdem:
- 8 Eisförmchen (à 90 ml)

Zubereitungszeit: 10 Minuten + 3 Stunden Kühlen

Zubereitung:

Die Erdbeeren verlesen, waschen und vom Stielansatz befreien. Das Melonenfleisch schälen.

Die Erdbeeren und das Melonenfleisch in einem hohen Rührbecher mit dem Stabmixer pürieren. Das Püree mit dem Zitronensaft und 2 EL Reissirup verrühren.

Den Kokosjoghurt mit den restlichen 2 EL Reissirup verrühren. Das Fruchtpüree und den Kokosjoghurt abwechselnd in die Eisförmchen füllen und im Gefrierfach mindestens 3 Stunden kalt stellen.

Das Eis aus den Formen lösen und am besten in der Sonne genießen!

Jackys Tipp: Die Melone und die Erdbeeren lassen sich auch zum Beispiel durch Mango, Kiwi oder Heidelbeeren austauschen. Eine Kombination aus mehreren Obstsorten ist ebenfalls jeden Versuch wert. Wer keine Eisformen besitzt, kann auch Muffinformen aus Silikon oder ausgewaschene Joghurtbecher verwenden.

Ruckzuck-Brötchen

schneller als vom Bäcker

Im Sommer wird bei uns häufig der Grill angefacht und neben leckerem Grillgut und würzigen Dips gehören für mich definitiv auch köstliche Brötchen dazu. Die Brötchen nach diesem Rezept sind schneller gebacken, als man zum Bäcker gelaufen ist, um sie zu kaufen.

Nährwerte pro Stück: 144 kcal; 24,4 g KH; 5,2 g EW; 2,4 g F

Zutaten für 5 Stück:
- 150 g Weizenmehl Type 405
- 2 gestrichene TL Backpulver
- 130 g fettarmer Joghurt (s. S. 11)
- 1 TL Salz
- 1 EL Mandeldrink ungesüßt (alternativ fettarme Milch oder andere pflanzliche Milchalternative; s. S. 11)
- 1 TL schwarze Sesamsamen
- 1 TL weiße Sesamsamen

Zubereitungszeit:
15 Minuten +
13 Minuten Backen

Zubereitung:
Den Backofen auf 170 °C Umluft vorheizen.

Das Weizenmehl, das Backpulver, den Joghurt und das Salz in einer Rührschüssel mit den Knethaken des Handrührgeräts sorgfältig verrühren.

Den Teig in 5 gleich große Portionen teilen und zu kleinen Brötchen formen. Die Brötchen auf einem mit Backpapier ausgelegten Blech verteilen und mit dem Mandeldrink bestreichen. Die Sesamkörner miteinander vermischen und die Brötchen damit bestreuen.

Die Brötchen im heißen Ofen etwa 13 Minuten goldbraun backen.

Die Brötchen aus dem Ofen nehmen und leicht abkühlen lassen. Guten Appetit!

Jackys Tipp: Die Brötchen kann man am nächsten Tag von beiden Seiten leicht anfeuchten und im vorgeheizten Ofen bei 180 Grad Celsius Umluft etwa 5 Minuten wieder aufbacken. Wer besonders weiche Brötchen liebt, kann sie stattdessen auch in der Mikrowelle bei 1000 Watt 30 Sekunden aufbacken.

103

Herbstrezepte

Wenn es im Herbst draußen wieder kälter wird, wärmt das in allen Rottönen leuchtende Laub noch einmal mein Herz und die wieder deftiger werdenden Gerichte den Magen. Auch auf den Tellern hält mit viel Knollengemüse und verschiedenen Kürbissen die warme Farbpalette Einzug. Kommt mit, hier wird es euch wohlig warm ums kulinarische Herz.

French Toast

beerig und kross

Ein köstliches Frühstück für einen grandiosen Start in den Tag! Frische Brombeeren treffen auf fluffigen French Toast – falls man gerne mit einer süßen Mahlzeit in den Tag startet, ist dies das perfekte Frühstück.

Nährwerte pro Portion: 484 kcal; 42,2 g KH; 21,2 g EW; 23,5 g F

Zutaten für 2 Portionen:
- 250 g Brombeeren
- 3 Eier (Größe M)
- 200 ml Mandeldrink ungesüßt (alternativ fettarme Milch oder andere pflanzliche Milchalternative; s. S. 11)
- 40 g Erythrit (alternativ Xylit oder Süßstoff; s. S. 13)
- 1 TL gemahlener Zimt
- 1 EL Rapsöl
- 6 Scheiben Vollkorntoast
- 100 g Sojajoghurt (alternativ Magermilchjoghurt; s. S. 11)

Zubereitungszeit: 25 Minuten

Zubereitung:

Die Brombeeren verlesen, waschen und vorsichtig trocknen. Die Eier auf einem tiefen Teller mit dem Mandeldrink, 20 g Erythrit und dem Zimt verquirlen.

Das Öl in einer Pfanne erhitzen. Die Toastscheiben in der Eiermischung wenden, dann im heißen Fett bei mittlerer Hitze von beiden Seiten jeweils 2–3 Minuten goldbraun braten.

Inzwischen den Sojajoghurt in einer kleinen Schüssel mit dem restlichen Erythrit verrühren.

Den French Toast mit je 1 Klecks Sojajoghurt und den Brombeeren auf Tellern anrichten und sich schmecken lassen!

Jackys Tipp: Als Topping für den French Toast schmecken auch Honig, Ahornsirup oder Agavendicksaft sehr gut. Für einen kleinen Knack im Topping empfehle ich gehobelte Mandeln, Mandelstifte oder Kokosraspel.

107

Baguettes

knusprige Frühstückszwerge

Was gibt es Besseres, als an einem Sonntagmorgen frische, duftende und vor allem selbst gemachte Backwaren zu essen, für die man nicht einmal aus dem Haus muss? Einfach den kuscheligen Bademantel über den Pyjama werfen und los geht's.

Nährwerte pro Stück: 243 kcal; 40,4 g KH; 13,5 g EW; 2,4 g F

Zutaten für 4 Stück:
- 200 g Magerquark (alternativ Skyr; s. S. 11)
- 200 g Weizenmehl Type 550
- ½ TL Salz
- 2 gestrichene TL Backpulver
- 1 Ei (Größe M)
- 1 EL Haferflocken

Zubereitungszeit:
10 Minuten +
25 Minuten Backen

Zubereitung:
Den Backofen auf 180 °C Umluft vorheizen.

Alle Zutaten, bis auf die Haferflocken, in einer Rührschüssel mit den Knethaken des Handrührgeräts oder mit den Händen sorgfältig verkneten.

Den Teig in 4 gleich große Portionen teilen, zu Baguettes formen und auf einem mit Backpapier ausgelegten Blech verteilen.

Die Brote mit etwas Wasser anfeuchten, mit den Haferflocken bestreuen und diese leicht andrücken.

Die Baguettes im heißen Ofen 20 Minuten backen. Nach dieser Zeit die Temperatur auf 250 °C Umluft erhöhen und die Brote weitere 3–5 Minuten backen.

Die Brote aus dem Ofen nehmen und auf einem Kuchengitter kurz abkühlen lassen. Die knusprigen, duftenden Baguettes vorsichtig aufschneiden, nach Belieben belegen und genussvoll losknuspern!

Jackys Tipp: Für ein leckeres Käsetopping die Brote 5 Minuten vor Ende der Backzeit im Ofen mit etwas geriebenem Gouda oder Mozzarella bestreuen. Die Mini-Baguettes schmecken übrigens auch noch am nächsten Tag prima. Sollten sie dennoch zu hart geworden sein, die Brote von beiden Seiten mit etwas Wasser anfeuchten und im vorgeheizten Ofen bei 190 Grad Celsius Umluft 2–3 Minuten auffrischen.

Kaiserschmarrn

fluffiger Morgengenuss

Ich liebe Kaiserschmarrn, weil er unendlich viele Toppingmöglichkeiten bietet. Man kann ihn auch als Meal Prep für die Lunchbox zubereiten und am nächsten Tag entweder kalt essen oder kurz in der Mikrowelle aufwärmen.

Nährwerte pro Portion: 451 kcal; 60,4 g KH; 27,7 g EW; 13,9 g F

Zutaten für 2 Portionen:
- 4 Eier
- Salz
- 100 g Magerquark (alternativ Skyr; s. S. 11)
- 50 ml Mandeldrink ungesüßt (alternativ fettarme Milch oder andere pflanzliche Milchalternative; s. S. 11)
- 40 g Xylit (alternativ Erythrit oder Süßstoff; s. S. 13)
- 100 g Weizenmehl Type 405 (alternativ Vollkorn-Weizenmehl)
- 1 TL Rapsöl

Zubereitungszeit: 25 Minuten

Zubereitung:

Die Eier vorsichtig aufschlagen, dabei Eigelb und Eiweiß voneinander trennen.

Die Eiweiße und 1 Prise Salz in einer Rührschüssel mit den Quirlen des Handrührgeräts steif schlagen.

Den Magerquark mit den Eigelben, dem Mandeldrink und dem Xylit in einer zweiten Rührschüssel cremig verrühren, dabei löffelweise das Mehl unter die Quark-Eigelb-Masse mischen. Den Eischnee vorsichtig unter den Teig heben.

Das Öl in einer beschichteten Pfanne erhitzen, den Teig hineingießen und bei mittlerer Hitze 5–7 Minuten goldbraun braten, dabei nach der Hälfte der Zeit einmal vorsichtig wenden.

Den Kaiserschmarrn auf einen Teller gleiten lassen, mit zwei Gabeln in kleine Stücke zerrupfen und zu zweit genießen!

Jackys Tipp: Leider esse ich nicht gerne Rosinen, weiß jedoch aus sicheren Quellen, dass der Kaiserschmarrn mit ihnen hervorragend schmecken soll. Wer sie also mag und wem es nicht so sehr um die Nährwerte geht, darf diese unbedingt im Teig ergänzen. Als Topping finde ich Pudererythrit (s. S. 12/13), Vanillesauce, heiße Kirschen oder Erdbeersauce super.

111

Porridge mit Apfel

flockiger Sattmacher

Porridge, auch bekannt als »Haferbrei«, ist schnell gemacht und sehr sättigend. Gerade im Herbst und Winter ist er für mich eine wohltuende und wärmende Mahlzeit. Haferflocken enthalten Ballaststoffe, die unter anderem für ein längeres Sättigungsgefühl sorgen. Porridge schmeckt übrigens mit allen Obstsorten sehr gut, vor allem auch mit einer zerdrückten Banane gemischt.

Nährwerte pro Portion: 441 kcal; 50,7 g KH; 11,0 g EW; 19,3 g F

Zutaten für 2 Portionen:
- 500 ml Mandeldrink ungesüßt (alternativ fettarme Milch oder andere pflanzliche Milchalternative; s. S. 11)
- 100 g zarte Haferflocken
- 6 EL Erythrit (alternativ Xylit oder Süßstoff; s. S. 13)
- 2 Äpfel
- 6 Walnusskerne

Zubereitungszeit: 15 Minuten

Zubereitung:
Den Mandeldrink in einem kleinen Topf erwärmen.

Die Haferflocken und das Erythrit einrühren und auf mittlerer Stufe erwärmen, dabei den Porridge hin und wieder durchrühren.

Die Äpfel waschen, vierteln, entkernen und raspeln oder in kleine Würfel schneiden. Die Apfelstücke unter den Porridge heben. Die Walnusskerne klein hacken.

Den Porridge auf Schalen oder tiefe Teller verteilen, mit den gehackten Walnusskernen bestreuen und sich schmecken lassen!

Jackys Tipp: Den Porridge kann man auch schon am Vorabend zubereiten. Für die sogenannten »Overnight Oats« alle Zutaten in ein Glas oder eine Vorratsdose geben, gut verrühren und über Nacht im Kühlschrank aufbewahren. Am nächsten Morgen sind die Haferflocken aufgeweicht. Ich stelle sie dann kurz in die Mikrowelle, bei Zimmertemperatur schmecken sie aber ebenfalls gut.

Bananenshake

reichhaltig und cremig

Shakes sind meistens leider nicht sehr sättigend, so geht es zumindest mir sehr oft. Mit dem Zusatz von Ballaststoffen und Eiweiß sieht es schon ganz anders aus. Dieser Bananenshake hält mich für mehrere Stunden satt und ist supercremig.

Nährwerte pro Portion: 439 kcal; 69,4 g KH; 22,7 g EW; 7,3 g F

Zutaten für 2 Portionen:

- 2 reife Bananen
- 250 g Magerquark (alternativ Magermilch-joghurt oder Skyr; s. S. 11)
- 20 g Xylit (alternativ Erythrit oder Süßstoff; s. S. 13)
- 150 ml Mandeldrink un-gesüßt (alternativ fett-arme Milch oder andere pflanzliche Milchalter-native; s. S. 11)
- 80 g zarte Haferflocken
- 2 TL Kokosraspel

Zubereitungszeit:
10 Minuten

Zubereitung:

Die geschälten Bananen mit dem Magerquark, dem Xylit und dem Mandeldrink in einem Standmixer oder in einem hohen Rührbecher mit dem Stabmixer cremig pürieren.

Die Haferflocken dazugeben und untermixen.

Den Bananenshake auf zwei Gläser verteilen, mit je 1 TL Kokosraspeln bestreuen und genussvoll wegschlürfen!

Jackys Tipp: Anstelle von Banane können selbstverständlich auch andere Obstsorten nach Wahl verwendet werden. Ich persönlich finde die Kombi-nation aus Banane und Mango ebenfalls sehr lecker.

115

Lachs-One-Pot

rauchiger Reisgenuss

Bei One-Pot-Reis verhält es sich wie bei einer One-Pot-Pasta – das Gericht ist schnell, einfach und in nur einem Topf gekocht. Der One-Pot-Reis hat darüber hinaus das Talent zum Lunchbox-Gericht, eignet sich aber auch für die Gefriertruhe, sodass man größere Mengen auf Vorrat zubereiten kann. Und wie praktisch ist es, wenn man sein Essen nur auftauen und warm machen muss?!

Nährwerte pro Portion: 552 kcal; 48,2 g KH; 47,4 g EW; 17,5 g F

Zutaten für 2 Portionen:
- 120 g Vollkorn-Basmatireis
- 400 ml Gemüsebrühe (Rezept s. S. 15)
- 100 ml passierte Tomaten
- 150 g Erbsen (TK-Ware; aufgetaut)
- 120 g Crème légère (alternativ saure Sahne; s. S. 11)
- Salz
- frisch gemahlener Pfeffer
- 250 g Stremellachs
- 2 Stängel Dill

Zubereitungszeit: 30 Minuten

Zubereitung:

Alle Zutaten, bis auf den Lachs und den Dill, in einem Topf oder einer hohen Servierpfanne zum Kochen bringen. Die Hitze reduzieren und die Mischung bei mittlerer Hitze offen 25 Minuten garen. Dabei hin und wieder umrühren, damit der Reis nicht am Topfboden ansetzt.

Inzwischen den Stremellachs in kleine Stücke zupfen. Den Dill waschen, trocken schütteln und nach Belieben mit oder ohne Stängel fein schneiden.

5 Minuten vor Ende der Garzeit die Lachsstücke unter den Reis heben und erwärmen.

Den Lachs-One-Pot auf Teller verteilen und mit dem Dill bestreut servieren. Guten Appetit!

Jackys Tipp: Anstelle von Reis schmecken auch in diesem Rezept Nudeln, und schon wird aus dem One-Pot-Reis eine One-Pot-Pasta.

116

Pilzcremesuppe

feines Löffelglück

Vor allem im Herbst und Winter esse ich sehr gerne Suppen, und da darf auch eine klassische Pilzcremesuppe nicht fehlen. Am liebsten bereite ich sie mit verschiedenen Pilzsorten zu, da jeder Pilz ein anderes köstliches Aroma hat. Vor allem sollten wir im Herbst bei den verschiedenen Wildpilzen, wie zum Beispiel Steinpilzen oder Pfifferlingen, zugreifen, da sich diese nicht züchten lassen und nur in dieser einen Jahreszeit gesammelt werden können.

Nährwerte pro Portion: 175 kcal; 4,7 g KH; 11,1 g EW; 10,8 g F

Zutaten für 2 Portionen:
- 250 g Champignons
- 100 g Steinpilze
- 100 g Pfifferlinge
- 1 Zwiebel
- 1 EL Rapsöl
- 300 ml Gemüsebrühe (Rezept s. S. 15)
- 6 Schnittlauchhalme
- 100 ml Soja-Kochcreme light (alternativ Sahne oder andere Kochcreme; s. S. 11)
- Salz
- frisch gemahlener Pfeffer

Zubereitungszeit:
30 Minuten

Zubereitung:
Die Pilze putzen, bei Bedarf mit Küchenpapier trocken abreiben und in kleine Stücke schneiden. Die Zwiebel schälen und in feine Würfel schneiden.

Das Öl in einem Topf erhitzen und die Zwiebeln darin mit den Pilzen bei mittlerer Hitze 5 Minuten anbraten.

Die Gemüsebrühe angießen und die Suppe bei mittlerer Hitze mit schräg aufgelegtem Deckel 15 Minuten köcheln.

Inzwischen den Schnittlauch waschen, trocken schütteln und in feine Röllchen schneiden.

Die Soja-Kochcreme zur Suppe geben und alles mit dem Stabmixer fein pürieren. Mit Salz und Pfeffer abschmecken.

Die Pilzcremesuppe auf Teller verteilen, mit den Schnittlauchröllchen bestreuen und sofort loslöffeln!

Jackys Tipp: Anstelle verschiedener Pilzsorten können auch nur Champignons in derselben Menge verwendet werden. Für ein zusätzliches Topping ein paar Champignonstücke nach dem Anbraten beiseitelegen und vor dem Servieren auf der Suppe verteilen.

Kürbis-Bolognese

Pasta mal anders

Eine leckere Sauce bolognese passt nicht nur zu Nudeln, sondern auch zu einem Spaghettikürbis. Dieser Kürbis zieht nach dem Garen Fäden, die an Spaghetti erinnern. Die Kürbisfäden sind eine tolle Alternative zur herkömmlichen Pasta, insbesondere wenn man kalorienarm essen möchte. Eine Kürbishälfte reicht mir vollkommen aus und danach bin ich wirklich pappsatt.

Nährwerte pro Portion: 475 kcal; 45,3 g KH; 36,0 g EW; 17,7 g F

Zutaten für 2 Portionen:
- 1 Zwiebel
- 1 EL Rapsöl
- 250 g Tatar (alternativ Rinderhackfleisch oder veganes Hack)
- 2 EL Tomatenmark
- 400 g gehackte Tomaten (Dose)
- Bacon-Salz (s. S. 15)
- frisch gemahlener Pfeffer
- 1 Spaghettikürbis (1 kg)
- 2 EL Grana Padano (s. S. 11)

Zubereitungszeit:
25 Minuten

Zubereitung:
Die Zwiebel schälen und in feine Würfel schneiden.

Das Öl in einer Pfanne erhitzen und die Zwiebel darin bei mittlerer Hitze glasig anschwitzen. Das Tatar dazugeben und bei etwas stärkerer Hitze krümelig braten.

Das Tomatenmark und die gehackten Tomaten einrühren, dann mit Bacon-Salz und Pfeffer würzen. Die Mischung bei mittlerer Hitze 4–5 Minuten köcheln.

Inzwischen den Kürbis der Länge nach halbieren. Die Kerne aus den Hälften herauskratzen und die Hälften in der Mikrowelle bei 1000 Watt 10–12 Minuten garen, bis das Kürbisfleisch weich ist.

Das Kürbisfleisch in den Schalenhälften mit einer Gabel so auflockern, dass Fäden entstehen.

Die Kürbisspaghetti in den Schalenhälften mit der Bolognesesauce begießen und mit Grana Padano bestreut servieren. Guten Appetit!

Jackys Tipp: Sollte sich der Kürbis nicht gut aufschneiden lassen, diesen in der Mikrowelle zunächst im Ganzen bei 1000 Watt 3–4 Minuten vorgaren. Wer keine Mikrowelle hat, kann das Gericht auch im Ofen zubereiten. Hierzu die Kürbishälften mit der Schnittfläche nach unten auf ein Backblech legen, rundherum etwas Wasser angießen und das Kürbisfleisch im vorgeheizten Ofen bei 200 Grad Celsius Ober-/Unterhitze je nach Größe 40–60 Minuten weich garen.

120

Hähnchen mit Reis

pikanter Currygenuss

Das ist ein grandioses Feierabend-Rezept, weil es ohne großen Aufwand superschnell gemacht ist. Das Hähnchencurry ist darüber hinaus perfekt für die Lunchbox am nächsten Tag geeignet und schmeckt auch dann immer noch himmlisch.

Nährwerte pro Portion: 554 kcal; 32,3 g KH; 34,7 g EW; 30,6 g F

Zutaten für 2 Portionen:
- 120 g Vollkorn-Basmatireis
- Salz
- 40 g gelbe Currypaste
- 100 ml Gemüsebrühe (Rezept s. S. 15)
- 350 ml Kokosmilch light (alternativ andere Kokosmilch, Kochsahne oder Sahne; s. S. 11)
- 240 g Hähnchenfleisch (alternativ Tofu)
- 1 große gelbe Paprikaschote
- 150 g Zuckerschoten
- 2 TL schwarze Sesamsamen

Zubereitungszeit: 30 Minuten

Zubereitung:
Den Reis in Salzwasser nach Packungsanleitung weich garen.

Inzwischen die Currypaste mit der Gemüsebrühe und der Kokosmilch in einer beschichteten Pfanne zum Kochen bringen.

Das Hähnchenfleisch unter fließendem kaltem Wasser abspülen, mit Küchenpapier trocken tupfen, in kleine Würfel schneiden, zum Curry geben und mitgaren.

Die Paprikaschote waschen, halbieren, entkernen und in Streifen schneiden. Die Zuckerschoten ebenfalls waschen und quer halbieren. Die Paprikastreifen und die Zuckerschotenhälften unter das Curry heben und bei mittlerer Hitze 5 Minuten mitgaren. Mit Salz abschmecken.

Den Reis und das Curry auf Teller verteilen, mit den Sesamsamen bestreuen und sich schmecken lassen!

Jackys Tipp: Wer bei scharfem Essen etwas empfindlich ist, sollte die Schärfe der benutzten Currypaste vor der Verwendung vorsichtig testen und die Menge entsprechend anpassen. Wer von scharfem Essen nicht genug bekommen kann, ergänzt das Curry durch eine in Würfel oder Ringe geschnittene Chilischote.

Bunte Reis-Bowl

farbenfrohes Stelldichein

In einer guten Bowl vereinen sich verschiedene Komponenten erst
auf der Gabel zu einem köstlichen Geschmackserlebnis. Hinein gehören
gute Kohlenhydrate, Rohkost, Gemüse, Proteine und ein aromatisches
Dressing. Mit diesem Rezept bringt man es in nur fünf Schritten
zu einer sättigenden Mahlzeit.

Nährwerte pro Portion: 616 kcal; 53,1 g KH; 26,2 g EW; 29,5 g F

Zutaten für 2 Portionen:
Für die Bowl:
- 80 g Naturreis
- 60 g rote Linsen
- Salz
- 2 Eier
- 2 kleine Möhren (à 50 g)
- 150 g Mais (Dose)
- 2 Rispentomaten
- 1 Avocado
- 2 Stängel Petersilie
- je 1 TL schwarze und weiße Sesamsamen
- 2 EL Kresse

Für das Dressing:
- 100 g Magermilchjoghurt (alternativ Sojajoghurt; s. S. 11)
- 3 EL Sojasauce
- 2 EL leichte Salatcreme (10 % Fett)
- Salz
- frisch gemahlener Pfeffer

Zubereitungszeit:
35 Minuten

Zubereitung:

Für die Bowl den Reis und die Linsen jeweils nach Packungsanleitung in Salzwasser oder Wasser weich garen.

Inzwischen die Eier in einen kleinen Topf mit kochendem Wasser gleiten lassen und 5 Minuten weich garen.

Währenddessen die Möhren waschen, schälen und raspeln. Den Mais in ein Sieb abgießen, kurz abspülen und abtropfen lassen. Die Tomaten waschen, halbieren und ohne Stielansatz in kleine Würfel schneiden. Die Avocado schälen, halbieren, entkernen und in kleine Würfel schneiden. Die Petersilie waschen, trocken schütteln und die Blätter von den Stängeln abzupfen.

Für das Dressing den Joghurt, die Sojasauce und die Salatcreme verrühren. Mit Salz und Pfeffer würzen. Den gekochten Reis und die weichen Linsen nach Bedarf abtropfen lassen.

Jeweils eine Portion Reis und Linsen mit dem Gemüse in einer Schale verteilen, 1 Ei auflegen und aufschneiden, mit dem Dressing beträufeln, mit dem Sesam bestreuen und mit der Kresse garniert servieren. Guten Appetit!

Jackys Tipp: Zur Bowl passen auch Röstzwiebeln, Kidneybohnen, Koriandergrün oder, wer es scharf mag, auch noch ein paar Chiliflocken.

Flammkuchen mit Schafskäse & Kürbis

Klassiker neu gedacht

Die Kombination aus Schafskäse und Kürbis ist ein echter Gaumenschmaus – auf einem Flammkuchen machen sich die beiden Zutaten
gemeinsam besonders gut. Noch schön heiß und aromatisch duftend,
schmeckt der Flammkuchen frisch aus dem Ofen am allerbesten.

Nährwerte pro Portion: 672 kcal; 95,4 g KH; 26,7 g EW; 18,8 g F

**Zutaten für
4 Stück/2 Portionen:
Für den Teig:**
- 200 g Weizenmehl
  Type 550
- 1 TL Rapsöl
- 1 TL Salz

Für den Belag:
- 1 kleiner Hokkaidokür-
  bis (300 g)
- 60 g Schafskäse light
  (s. S. 11)
- 100 g Magerquark
  (s. S. 11)
- 100 g Crème légère
  (s. S. 11)
- Salz
- frisch gemahlener
  Pfeffer

Außerdem:
- Mehl für die
  Arbeitsfläche

*Zubereitungszeit:
35 Minuten +
10–12 Minuten Backen*

Zubereitung:
Für den Teig alle Zutaten mit 120 ml Wasser in einer Rührschüssel mit den Knethaken des Handrührgeräts oder den Händen gut verkneten. Den Teig in 4 gleich
große Portionen teilen und mit einem sauberen Küchenhandtuch abgedeckt ruhen
lassen. Inzwischen den Backofen auf 230 °C Umluft vorheizen.

Für den Belag den Hokkaidokürbis waschen, halbieren und mit einem Löffel die
Kerne herauskratzen. Die Hälften in schmale Spalten schneiden. Den Schafskäse
mit Küchenpapier trocken tupfen und mit der Hand zerbröseln.

Den Magerquark in einer Schüssel mit der Crème légère sowie je 1 Prise Salz und
Pfeffer verrühren.

Die Teigportionen nacheinander auf der leicht bemehlten Arbeitsfläche mit dem
Rollholz zu dünnen Fladen ausrollen. Die Fladen auf einem mit Backpapier ausgelegten Blech verteilen. Die Teigfladen zunächst mit der Quarkmischung bestreichen, dann mit den Kürbisspalten belegen und mit dem zerbröselten Schafskäse
bestreuen.

Die Flammkuchen im heißen Ofen 10–12 Minuten backen. Die Flammkuchen noch
duftend heiß auf Teller verteilen und sofort genießen!

Jackys Tipp: Für die ganz schnelle Version eignen sich auch Wraps.
Diese nach dem Belegen im vorgeheizten Backofen bei 190 Grad Celsius
Umluft 12–14 Minuten backen.

Chili sin carne

veganes Kraftpaket

Chili sin carne ist im Handumdrehen gemacht und der perfekte Begleiter in der Lunchbox. Für stressige Tage empfehle ich, immer etwas Genussfähiges in der Kühltruhe zu haben, das man abends nur noch auftauen und warm machen muss. Das Chili hierzu einfach portionsweise einfrieren.

Nährwerte pro Portion: 585 kcal; 85,2 g KH; 23,0 g EW; 12,0 g F

Zutaten für 2 Portionen:
- 150 g Grünkern
- 1 rote Paprikaschote
- 1 Zwiebel
- 1 Knoblauchzehe
- 1 Chilischote
- 150 g Mais (Dose)
- 150 g Kidneybohnen (Dose)
- 1 EL Rapsöl
- 400 g gehackte Tomaten (Dose)
- 100 ml passierte Tomaten
- Salz
- frisch gemahlener Pfeffer

Zubereitungszeit: 25 Minuten

Zubereitung:
Den Grünkern in einem leistungsstarken Mixer einige Sekunden schroten, alternativ bereits geschroteten Grünkern kaufen.

Die Paprikaschote waschen, halbieren, entkernen und in kleine Würfel schneiden. Die Zwiebel und die Knoblauchzehe schälen und in feine Würfel schneiden. Die Chilischote waschen, halbieren, entkernen und ebenfalls fein würfeln. Den Mais und die Kidneybohnen in ein Sieb abgießen, kurz abspülen und abtropfen lassen.

Das Öl in einer großen Pfanne erhitzen und die Zwiebel-, Knoblauch- und Chiliwürfel darin bei mittlerer Hitze anschwitzen.

Die Paprikawürfel, den Mais, die Kidneybohnen, den Grünkern sowie die gehackten und die passierten Tomaten in die Pfanne geben.

Das Chili aufkochen und bei mittlerer Hitze weitere 10–15 Minuten garen, bis der Grünkern weich ist. Mit Salz und Pfeffer abschmecken.

Das Chili sin carne auf Schalen oder tiefe Teller verteilen und genüsslich loslöffeln!

Jackys Tipp: Anstelle von Grünkern kann auch Rindfleisch, vegetarisches oder veganes Hack verwendet werden. Als Beilage serviere ich zum Chili sehr gerne Basmatireis. Für eine milde Variante einfach die Chilischote weglassen.

129

Wikingertopf

deftig gut, alles gut

Aus einfachen Zutaten wird im Handumdrehen ein köstliches Gericht, das der ganzen Familie schmeckt. Zum Wikingertopf passen zusätzlich gegartes Gemüse, aber auch ein leckerer Gurken- oder Tomatensalat.

Nährwerte pro Portion: 500 kcal; 34,7 g KH; 35,2 g EW; 21,8 g F

Zutaten für 2 Portionen:

- 300 g vorwiegend fest-kochende Kartoffeln
- Salz
- 1 rote Zwiebel
- 250 g Tatar (alternativ Rinderhackfleisch oder veganes Hack)
- frisch gemahlener Pfeffer
- 1 EL Rapsöl
- 200 g Erbsen und Möhren (TK-Ware)
- 100 ml Gemüsebrühe (Rezept s. S. 15)
- 250 ml Soja-Kochcreme light (s. S. 11)
- 50 ml Mandeldrink un-gesüßt (s. S. 11)
- 20 g Halbfettmargarine (s. S. 11)
- frisch geriebene Mus-katnuss
- 2 EL fein geschnittene Petersilie

Außerdem:

- Kartoffelstampfer

Zubereitungszeit:
30 Minuten

Zubereitung:

Die Kartoffeln schälen, waschen, in einem Topf mit leicht gesalzenem Wasser be-decken, aufkochen und etwa 20 Minuten weich garen.

Inzwischen die Zwiebel schälen und in feine Würfel schneiden. Das Tatar und die Zwiebelwürfel sowie je 1 Prise Salz und Pfeffer in einer Schüssel verkneten und mit den Händen zu walnussgroßen Bällchen formen.

Das Öl in einer Pfanne erhitzen und die Tatarbällchen darin bei starker Hitze rund-herum anbraten. Die Erbsen und Möhren dazugeben, mit der Gemüsebrühe und der Kochcreme ablöschen. Mit Salz und Pfeffer abschmecken. Den Wikingertopf bei mittlerer Hitze 10 Minuten köcheln.

Zum Ende der Garzeit die Kartoffeln mit einer Gabel einstechen – wenn man nicht auf Widerstand stößt, sind sie fertig. Ansonsten die Kochzeit um einige Minuten verlängern.

Die Kartoffeln abgießen und im Topf kurz ausdampfen lassen. Den Mandeldrink, die Margarine sowie je 1 Prise Muskatnuss und Salz dazugeben. Die Kartoffeln mit einem Kartoffelstampfer zu cremigem Püree zerstampfen.

Den Wikingertopf mit dem Kartoffelpüree auf Teller verteilen und mit der Petersilie bestreut servieren. Guten Appetit!

Jackys Tipp: Anstelle von Fleischbällchen schmecken im Wikingertopf auch Hähnchenbruststreifen sehr gut. Diese zunächst pur in etwas Öl an-braten und anschließend in der Sauce ziehen lassen.

Spätzle mit Pfifferlingen

herbstlicher Gaumenschmaus

Der Herbst hat viele köstliche Pilze zu bieten – ich mag insbesondere Pfifferlinge sehr gerne. Sie gehören zu den ersten Wildpilzen, die im Jahr erhältlich sind. Pfifferlinge haben von Mitte Juni bis Ende Oktober Saison, können jedoch das ganze Jahr über auch gefroren, getrocknet oder eingelegt gekauft werden. Frisch sind sie für mich auf jeden Fall die beste Wahl.

Nährwerte pro Portion: 497 kcal; 30,2 g KH; 27,0 g EW; 28,1 g F

Zutaten für 2 Portionen:
- 300 g Pfifferlinge
- 1 Zwiebel
- 1 EL Rapsöl
- 160 g frische Spätzle (Kühlregal)
- 200 ml Soja-Kochcreme light (alternativ Sahne oder andere Kochcreme; s. S. 11)
- 100 g Reibekäse light (alternativ geriebener Mozzarella; s. S. 11)
- Salz
- frisch gemahlener Pfeffer
- 2 EL fein geschnittene glatte Petersilie

Zubereitungszeit: 20 Minuten

Zubereitung:

Die Pfifferlinge putzen, bei Bedarf mit Küchenpapier trocken abreiben und in kleine Stücke schneiden. Die Zwiebel schälen und in feine Würfel schneiden.

Das Öl in einer Pfanne erhitzen und die Pfifferlinge darin mit den Zwiebelwürfeln bei mittlerer Hitze 2–3 Minuten anbraten.

Die Spätzle dazugeben und alles weitere 3 Minuten braten.

Mit Kochcreme ablöschen, den Reibekäse einstreuen und alles noch einmal 5 Minuten köcheln, bis der Käse geschmolzen ist. Mit Salz und Pfeffer abschmecken.

Die Spätzle mit Pfifferlingen auf Teller verteilen, mit der Petersilie bestreuen und sich schmecken lassen!

Jackys Tipp: Die Pfifferlinge können zum Beispiel auch durch andere Wildpilze, eine Mischung aus verschiedenen Sorten oder durch Champignons ersetzt werden.

Rosenkohlpfanne

vitaminreich und gesund

Rosenkohl ist nicht jedermanns Sache, aber gebraten schmeckt er noch einmal ganz anders, sodass man den kleinen Röschen definitiv eine weitere Chance geben sollte. Durch die salzigen Katenschinkenwürfel bekommt der Rosenkohl eine kräftig-deftige Note.

Nährwerte pro Portion: 392 kcal; 40,5 g KH; 25,9 g EW; 9,8 g F

Zutaten für 2 Portionen:
- 400 g vorwiegend festkochende Kartoffeln
- Salz
- 400 g Rosenkohl
- 1 Zwiebel
- 1 EL Rapsöl
- 100 g magere Katenschinkenwürfel (alternativ Speckwürfel)
- frisch geriebene Muskatnuss
- frisch gemahlener Pfeffer

*Zubereitungszeit:
35 Minuten*

Zubereitung:

Die Kartoffeln schälen, waschen, halbieren und in 1 cm dicke Scheiben schneiden. Die Scheiben in einem Topf mit Salzwasser bedecken, aufkochen und etwa 15 Minuten weich garen.

Inzwischen den Rosenkohl putzen und die äußeren Blätter sowie den Stielansatz entfernen, dann die Köpfe waschen.

Die weichen Kartoffelscheiben mit einer Schaumkelle aus dem Wasser heben und abtropfen lassen. Den Rosenkohl ins Kartoffelwasser geben und bei mittlerer Hitze 6–7 Minuten weich, aber noch leicht bissfest garen – kocht man ihn zu lange, werden die Köpfe zu weich.

Währenddessen die Zwiebel schälen und in feine Würfel schneiden. Den Rosenkohl abgießen und abtropfen lassen, dann die Köpfe vierteln.

Das Öl in einer Pfanne erhitzen und die Kartoffelscheiben, den Rosenkohl, die Zwiebel- und die Katenschinkenwürfel darin bei mittlerer bis starker Hitze etwa 10 Minuten braten. Mit Muskatnuss, Salz und Pfeffer abschmecken.

Die Rosenkohlpfanne auf Teller verteilen und genießen!

Jackys Tipp: Zur Rosenkohlpfanne schmecken ein paar gehackte Walnusskerne, etwas geriebener Parmesan oder eine Prise gemahlener Kümmel sehr gut.

Zwetschgencrumble

krümelig-süße Verführung

Einen leckeren Zwetschgencrumble sollte man sich niemals entgehen lassen, denn er ist einfach zuzubereiten, schnell gemacht und schmeckt superlecker. Er eignet sich als verführerischer Snack zwischendurch, als Nachtisch oder als süße Köstlichkeit zum Kaffee.

Nährwerte pro Portion: 191 kcal; 42,6 g KH; 2,2 g EW; 4,3 g F

Zutaten für 2 Portionen:
- 200 g Zwetschgen
- 40 g Xylit (alternativ Erythrit oder Süßstoff; s. S. 13)
- 2 TL gemahlener Zimt
- 20 g Halbfettbutter (alternativ Halbfettmargarine; s. S. 11)
- 30 g Weizenmehl Type 405 (alternativ Vollkorn-Weizenmehl)

Außerdem:
- 2 kleine Auflaufförmchen (Ø 10 cm)

Zubereitungszeit:
10 Minuten +
22–25 Minuten Backen

Zubereitung:
Den Backofen auf 200 °C Umluft vorheizen.

Inzwischen die Zwetschgen waschen, halbieren, entkernen, mit 20 g Xylit und dem gemahlenen Zimt vermischen und in der Auflaufform verteilen.

Die Butter in einer Schüssel mit dem Mehl und dem restlichen Xylit verkneten, zu kleinen Streuseln zerzupfen und über den Zwetschgen verteilen.

Den Crumble im heißen Ofen 22–25 Minuten backen.

Den Zwetschgencrumble aus dem Ofen nehmen, leicht abkühlen lassen und sich am besten noch warm schmecken lassen!

Jackys Tipp: Anstelle von Zwetschgen können auch andere Obstsorten, wie zum Beispiel Äpfel oder Aprikosen, verwendet werden. Begleitend zum Crumble empfehle ich eine Kugel Vanilleeis.

Blog Liebling

Apfelkuchen

saftig-süßer Backgenuss

Bei diesem Rezept gebe ich auch für Backanfänger eine 100-prozentige Gelinggarantie, da die simple Zubereitung gerade einmal 10 Minuten dauert, den Rest erledigt der Ofen. Der Kuchen lässt sich gut portionsweise einfrieren – so kann man rasch und unkompliziert immer mal ein Stück zum Tee oder Kaffee auftauen, wenn der Kuchenhunger kommt.

Nährwerte pro Stück: 392 kcal; 40,5 g KH; 25,9 g EW; 9,8 g F

Zutaten für 8 Stück:
- 5 Äpfel
- 100 g Halbfettbutter (alternativ Halbfettmargarine; s. S. 11)
- 100 g Weizenmehl Type 405
- ½ Päckchen Backpulver (8 g)
- 8 EL Erythrit (alternativ Xylit; s. S. 13)
- 1 Päckchen Bourbon-Vanillezucker (8 g)
- 2 Eier (Größe M)
- 100 ml Mandeldrink ungesüßt (alternativ fettarme Milch oder andere pflanzliche Milchalternative; s. S. 11)

Außerdem:
- Springform (Ø 26 cm)
- Backpapier oder Halbfettbutter für die Form

Zubereitungszeit:
10 Minuten +
45 Minuten Backen

Zubereitung:
Den Backofen auf 180 °C Umluft vorheizen.

Die Äpfel waschen, schälen, vierteln, entkernen und in schmale Stücke schneiden. Die Halbfettbutter in der Mikrowelle oder in einem Topf auf dem Herd bei niedriger Hitze zerlassen und abkühlen lassen.

Das Weizenmehl, das Backpulver, das Erythrit, den Vanillezucker, die Eier, den Mandeldrink und die flüssige Butter mit den Quirlen des Handrührgeräts zu einem dickflüssigen Teig ohne Klumpen verrühren. Die Apfelstücke unterheben.

Die Backform mit Backpapier auskleiden oder einfetten. Den Teig gleichmäßig in der Form verteilen und den Kuchen im heißen Ofen 45 Minuten goldbraun backen. Gegen Ende der Backzeit die Stäbchenprobe durchführen. Dazu mit einem Holzspieß in die Mitte des Kuchens stechen – sollte daran noch Teig kleben, die Backzeit um weitere 3–5 Minuten verlängern.

Den Apfelkuchen aus dem Ofen nehmen und etwa 30 Minuten auskühlen lassen, dann vorsichtig aus der Form lösen, in 8 Stücke schneiden und genießen!

Jackys Tipp: Je nach Saison können zusätzlich Obstsorten wie zum Beispiel Himbeeren hinzugefügt werden. Für das gewisse Etwas eignen sich aber auch Schokotropfen oder Kokosraspel. Als Topping mag ich am liebsten ganz klassisch Pudererythrit (s. S. 12/13). Sehr gerne serviere ich den Kuchen auch lauwarm und gebe noch eine Kugel Vanilleeis dazu.

Brownies

saftig, fluffig, zuckerfrei

Brownies müssen saftig und fluffig zugleich sein – mit diesem Rezept gelingt das auf jeden Fall. Durch das Apfelmark sind sie schön saftig, kalorienarm und sogar zuckerfrei. Die Brownies eignen sich hervorragend als Mitbringsel auf einer Party, zum Tee oder Kaffee, aber auch als Snack zwischendurch. Das leckere Gebäck hält sich in einer Dose im Kühlschrank mindestens drei Tage lang.

Nährwerte pro Stück: 86 kcal; 11,1 KH; 3,8 g EW; 2,4 g F

Zutaten für 8 Stück:
- 85 g Weizenmehl Type 405 (alternativ Vollkorn-Weizenmehl)
- 2 gestrichene TL Backpulver
- 25 g Backkakao
- 1 Prise Salz
- 2 Eier (Größe M)
- 45 g Erythrit (optional; alternativ Xylit; s. S. 13)
- 180 g Apfelmark (alternativ Apfelmus)

Außerdem:
- Backform (18 × 18 cm)
- Halbfettmargarine oder Backpapier für die Form

Zubereitungszeit:
15 Minuten +
15–17 Minuten Backen

Zubereitung:
Den Backofen auf 160 °C Umluft vorheizen.

Weizenmehl, Backpulver, Backkakao und Salz in einer Schüssel gut vermischen. Die Eier mit den Quirlen des Handrührgeräts in einer zweiten Rührschüssel schaumig schlagen. Dabei das Erythrit während des Rührens in die Eiermasse einrieseln lassen. Die Mehlmischung zur schaumigen Eiermasse geben und unterrühren. Das Apfelmark hinzufügen und ebenfalls gut verrühren.

Die Backform mit Backpapier auskleiden oder mit der Halbfettmargarine einfetten. Den Teig gleichmäßig in der Form verteilen und die Brownies im heißen Ofen 15–17 Minuten backen. Gegen Ende der Backzeit die Stäbchenprobe durchführen. Dazu mit einem Holzspieß in die Mitte der Brownies stechen – sollte daran noch Teig kleben, die Backzeit um weitere 3–5 Minuten verlängern.

Die Brownies aus dem Ofen nehmen und etwa 30 Minuten auskühlen lassen, dann vorsichtig aus der Form lösen, in 8 Stücke schneiden und sich schmecken lassen.

Jackys Tipp: Da Apfelmark nicht gesüßt wird, kann man den Brownies nach Geschmack zusätzliche Süße hinzufügen. Bei Verwendung von Apfelmus ist das nicht nötig, denn es enthält bereits Zucker. Ich »kröne« meine Brownies gerne je nach Lust und Jahreszeit mit verschiedensten Toppings. Mein All-Time Favorite ist gehackte Zartbitterschokolade.

Blog Liebling

Zwiebelmuffins

herzhafte Leckerbissen

Muffins müssen nicht immer süß sein – und diese hier sind ein wahrer Leckerbissen für alle Fans herzhaften Gebäcks. Die Zwiebelkuchen-Muffins können einzeln eingefroren, nach Lust und Laune spontan aufgetaut und ganz einfach beispielsweise in der Mikrowelle kurz aufgewärmt werden. Schon fertig!

Nährwerte pro Stück: 137 kcal; 14,8 g KH; 8,9 g EW; 4,2 g F

Zutaten für 6 Stück:
- 2 Zwiebeln
- 1 EL Rapsöl
- 100 g magere Katenschinkenwürfel
- 100 g Weizenmehl Type 405 (alternativ Vollkorn-Weizenmehl)
- 1 gestrichener TL Backpulver
- 70 g Magerquark (alternativ Skyr; s. S. 11)
- 1 Ei (Größe M)
- Bacon-Salz (s. S. 15)
- frisch gemahlener Pfeffer
- 60 g geriebener Mozzarella (s. S. 11)

Außerdem:
- 6 Silikon-Muffinförmchen (alternativ Muffin-Backblech mit mindestens 6 Mulden)
- Fett für das Muffin-Backblech (bei Bedarf)

Zubereitungszeit:
15 Minuten +
22 Minuten Backen

Zubereitung:

Den Backofen auf 180 °C Umluft vorheizen. Die Zwiebeln schälen, halbieren und in feine Ringe schneiden.

Das Öl in einer Pfanne erhitzen und die Zwiebelringe darin mit den Schinkenwürfeln bei mittlerer bis starker Hitze anbraten. Die Pfanne vom Herd ziehen und die Mischung leicht abkühlen lassen.

Das Mehl, das Backpulver, den Quark, das Ei, je 1 Prise Bacon-Salz und Pfeffer, die leicht abgekühlte Zwiebel-Schinken-Mischung sowie 30 ml Wasser in einer Rührschüssel mit den Knethaken des Handrührgeräts oder den Händen kurz zu einem noch leicht klebrigen Teig verkneten.

Den Teig gleichmäßig auf die Silikon-Muffinförmchen verteilen. Wird ein gewöhnliches Muffin-Backblech verwendet, die Mulden vor dem Füllen leicht einfetten.

Die Muffins mit dem Mozzarella bestreuen und im heißen Ofen 22 Minuten goldbraun backen. Gegen Ende der Backzeit die Stäbchenprobe durchführen. Dazu mit einem Holzspieß in die Mitte der Muffins stechen – sollte daran noch Teig kleben, die Backzeit um weitere 2–3 Minuten verlängern.

Die Zwiebelkuchen-Muffins kurz abkühlen und sich dann schmecken lassen!

Jackys Tipp: Anstelle der Zwiebel kann auch Lauch verwendet werden, als weitere Gemüsezutat machen sich Zucchini oder Paprika sehr gut. Ergänzend passt zu den Muffins ein leckerer Knoblauch- oder Paprikadip. Ist der Teig nach dem Verkneten zu fest, etwas Wasser hinzugeben.

Birnen-Schichtdessert

fruchtiger Genuss im Glas

Dieses Dessert ist Schicht für Schicht ein leckerer Genuss und eignet sich eigentlich zu jedem Anlass – ob als Meal Prep für die Arbeit, als Snack für zwischendurch oder als Nachtisch auf einer Party.

Nährwerte pro Portion: 352 kcal; 49,3 g KH; 18,3 g EW; 3,8 g F

Zutaten für 2 Portionen:
- 2 Birnen
- 30 g Xylit (alternativ Erythrit oder Süßstoff; s. S. 13)
- 1 Vanilleschote (alternativ 5 Tropfen Vanillearoma)
- 300 g griechischer Joghurt (alternativ Magermilchjoghurt oder Sojajoghurt; s. S. 11)
- 80 g Granola (Rezept s. S. 152/153)

Zubereitungszeit: 15 Minuten

Zubereitung:

Die Birnen waschen, halbieren, entkernen und in kleine Würfel schneiden.

Die Birnenwürfel mit dem Xylit und 4 EL Wasser in einer Pfanne erhitzen und 10–15 Minuten karamellisieren.

Inzwischen die Vanilleschote mit einem spitzen Messer längs aufschneiden und das Mark mit dem Messerrücken herauskratzen. Den Joghurt mit dem Vanillemark verrühren.

Das Granola, die karamellisierten Birnen und den griechischen Joghurt abwechselnd in zwei schöne Gläser schichten und sich direkt oder später schmecken lassen!

Jackys Tipp: Anstelle von Granola passen zum Schichtdessert auch ein Müsli oder kernige Haferfocken. Als Topping kann ich die Streusel aus dem Rezept »Zwetschgencrumble« von Seite 136/137 nur wärmstens empfehlen.

144

Winterrezepte

Im Winter wird es noch deftiger und ich freue mich über leckere Eintöpfe und den durch die ganze Wohnung strömenden Duft von Weihnachtsgebäck. Ein leckerer Kakao dazu und die eine oder andere Schneeflocke vor dem Fenster – was braucht man mehr zum kulinarischen Glück?! Kommt mit, wir folgen der duftigen Fährte von Röstaromen und Weihnachtsgewürzen.

Winterporridge

wärmendes Frühstück

Gerade im Winter esse ich gerne schon zum Frühstück eine warme Mahlzeit und dann am liebsten auch einen Porridge. Er ist ruckzuck zubereitet und hält sehr lange satt. Das nahrhafte Frühstück lässt sich gut in eine Vorratsdose verpacken und zum Beispiel im Büro wieder aufwärmen. Alternativ kann der Porridge natürlich auch kalt gegessen werden.

Nährwerte pro Portion: 402 kcal; 64,4 g KH; 10,2 g EW; 12,0 g F

Zutaten für 2 Portionen:
- 100 g zarte Haferflocken
- 350 ml Mandeldrink ungesüßt (alternativ fettarme Milch oder andere pflanzliche Milchalternative; s. S. 11)
- 30 g Xylit (alternativ Erythrit oder Süßstoff; s. S. 13)
- 2 gestrichene TL gemahlener Zimt
- 1 TL Spekulatiusgewürz
- 1 Banane
- 2 TL gehackte Nusskerne
- 2 TL Mandelmus ungesüßt

Zubereitungszeit:
10 Minuten

Zubereitung:

Die Haferflocken mit dem Mandeldrink, dem Xylit, dem Zimt und dem Spekulatiusgewürz in einem kleinen Topf aufkochen und bei mittlerer Hitze 5 Minuten köcheln.

Den Porridge auf zwei Schalen verteilen. Die Banane schälen, der Länge nach halbieren und jeweils 1 Hälfte auflegen. Die gehackten Nusskerne und das Mandelmus in kleinen Tupfern über dem Porridge verteilen und es sich schmecken lassen!

Jackys Tipp: Der Porridge lässt sich übrigens noch schneller in der Mikrowelle zubereiten. Dafür die Mischung, die im Rezept in den Topf wandert, in einer mikrowellengeeigneten Schüssel bei 800 Watt 1–2 Minuten in die Mikrowelle stellen. Durchrühren und den Haferflockenmix weitere 1–2 Minuten bei 1000 Watt garen.

149

Bananenbrot

perfekte Resteverwertung

Wer kennt es nicht? Man hat sehr reife Bananen zu Hause und weiß nichts mehr damit anzufangen. Die ideale Voraussetzung, um ein köstliches Bananenbrot zu backen! Es kann zum Frühstück oder zwischendurch gegessen werden und lässt sich sogar – am besten in Scheiben – einfrieren.

Nährwerte pro Stück: 125 kcal; 23,2 g KH; 4,5 g EW; 1,6 g F

Zutaten für 12 Scheiben:
- 2 Eier (Größe M)
- 40 g Xylit (alternativ Erythrit oder Süßstoff; s. S. 13)
- 180 g Weizenmehl Type 405 (alternativ Vollkorn-Weizenmehl)
- 2 gestrichene TL Backpulver
- 1 EL Backkakao
- 1 Prise Salz
- 4 reife Bananen
- 1 Vanilleschote (alternativ 8 Tropfen Vanillearoma)
- 100 g Skyr (alternativ Magerquark; s. S. 11)

Außerdem:
- Silikon-Backform 24 × 11 cm (alternativ eine Kastenform)
- Fett für die Kastenform oder Backpapier zum Auskleiden

Zubereitungszeit:
10 Minuten +
50–60 Minuten Backen

Zubereitung:
Den Backofen auf 180 °C Umluft vorheizen.

Inzwischen die Eier und das Xylit in einer Rührschüssel mit den Quirlen des Handrührgeräts schaumig rühren. In einer zweiten Schüssel das Mehl, das Backpulver, den Kakao und das Salz vermischen.

Die Bananen mit einer Gabel zerdrücken, aber nicht pürieren! Sonst wird das Bananenbrot nach dem Backen klebrig. Die Vanilleschote mit einem spitzen Messer längs aufschneiden und das Mark mit dem Messerrücken herauskratzen.

Das Bananenmus, das Vanillemark und den Skyr unter die Eiermasse rühren. Nach und nach die Mehlmischung unterheben und zügig verrühren.

Den Teig in der Backform gleichmäßig verteilen und das Bananenbrot im heißen Ofen 50–60 Minuten backen. Gegen Ende der Backzeit die Stäbchenprobe durchführen. Dazu mit einem Holzspieß in die Mitte des Brots stechen – sollte daran noch Teig kleben, die Backzeit um weitere 2–3 Minuten verlängern.

Das Bananenbrot in der Form abkühlen lassen, in Scheiben schneiden und sich schmecken lassen!

Jackys Tipp: Übrigens kann man bei Bedarf den Reifungsprozess von Bananen auch beschleunigen. Hierzu zum Beispiel mit einem Zahnstocher einige Löcher in die Banane stechen und diese im vorgeheizten Ofen bei 150 Grad Celsius Umluft 20 Minuten »reifen« lassen. Alternativ die angestochene Banane bei 1000 Watt 30–60 Sekunden in die Mikrowelle legen. Das Bananenbrot gerne nach Belieben toppen, zum Beispiel mit Mandelstiften und weißer Schokolade.

Granola

knusprig und gesund

Das Beste am selbst gemachten Granola ist, dass es nach Bedarf und Geschmack zubereitet werden kann und ich weiß, was drin ist. Abgefüllt in ein Glas mit schöner Schleife rundherum, macht es auch als kleines Mitbringsel beziehungsweise Geschenk etwas her.

Nährwerte pro Portion: 341 kcal; 28,7 g KH; 10,7 g EW; 18,5 g F

Zutaten für 2 Portionen:
- 2 TL Kokosöl
- 80 g kernige Haferflocken
- 2 gestrichene TL gemahlener Zimt
- 20 g gehackte Mandelkerne
- 1 Prise Salz
- 20 g gehobelte Mandelkerne
- 30 g Erythrit (alternativ Xylit oder Süßstoff; s. S. 13)
- 20 g getrocknete Himbeeren

Zubereitungszeit:
5 Minuten +
15 Minuten Backen

Zubereitung:
Den Backofen auf 160 °C Umluft vorheizen.

Inzwischen das Kokosöl in einem kleinen Topf erwärmen, damit es flüssig wird. Das flüssige Öl im Topf mit allen anderen Zutaten, bis auf die Himbeeren, vermischen.

Die Granola-Mischung auf einem mit Backpapier ausgelegten Blech verteilen und im heißen Ofen 10 Minuten backen. Nach dieser Zeit das Granola durchmischen und weitere 5 Minuten backen.

Das Granola aus dem Ofen nehmen und abkühlen lassen. Die Himbeeren untermischen.

Das Granola zum Beispiel mit etwas Milch (nicht in der Nährwertberechnung enthalten) gemischt servieren. Und nun ganz schnell genussvoll losknuspern!

Jackys Tipp: Anstelle von Kokosöl kann auch normales geschmacksneutrales Öl, zum Beispiel Sonnenblumen- oder Rapsöl, verwendet werden. Der Vorteil von Kokosöl ist allerdings, dass es beim Abkühlen wieder nachhärtet und das Granola umso knuspriger macht.

153

Rührreischnitten

tomatige Proteinpower

Rührei gehört zu meinen Top 3, was die Zubereitungszeit angeht.
Zudem erhält man mit wenigen Zutaten ein grandioses Proteinpower-
Frühstück. Das Rezept ist perfekt für all diejenigen, die eine herzhafte
Brotzeit mögen und morgens wenig Zeit haben.

Nährwerte pro Portion: 373 kcal; 30,3 g KH; 25,5 g EW; 15,6 g F

Zutaten für 2 Portionen:
- 12 Cherrytomaten
- ½ Bund Schnittlauch
- 2 Stängel Dill
- 4 Eier (Größe M)
- Salz
- frisch gemahlener Pfeffer
- 1 TL Rapsöl
- 100 g Frischkäse light (s. S. 11)
- 2 Scheiben Mehrkornbrot (à 55 g)

Zubereitungszeit:
10 Minuten

Zubereitung:

Die Tomaten waschen und längs vierteln. Den Schnittlauch und den Dill waschen und trocken schütteln. Den Schnittlauch in feine Röllchen schneiden, die Dillspitzen von den Stängeln zupfen.

Die Eier in einer Schüssel verquirlen und die Tomatenviertel unterheben. Die Masse mit je 1 Prise Salz und Pfeffer würzen.

Das Öl in einer beschichteten Pfanne erhitzen, die Eiermasse hineingießen und bei mittlerer Hitze unter regelmäßigem Rühren stocken lassen.

Den Frischkäse in einer Schüssel mit den Schnittlauchröllchen glatt rühren und nach Belieben mit 1 Prise Salz abschmecken.

Das Brot mit dem Frischkäse bestreichen, das Rührei darauf verteilen, mit dem Dill bestreuen und sich schmecken lassen!

Jackys Tipp: Das Brot kann zum Beispiel durch die Baguettes (Rezept s. S. 108/109) oder die Zwiebelbaguettes (Rezept s. S. 54/55) ausgetauscht werden. Die Nährwerte ändern sich dann wie folgt:
mit Baguette: 479 kcal; 47,4 g KH; 33,8 g EW; 16,3 g F;
mit Zwiebelbaguette: 662 kcal; 69,3 g KH; 32,8 g EW; 27,2 g F.

Quark-Bowl

zimtiger Wintergenuss

Mit dieser zimtigen Quark-Bowl wird einem ganz winterlich ums Herz – hier trifft leckerer, warmer Apfel auf kühlen Quark. Die Kombination aus warm und kalt schmeckt sehr gut und das Topping verleiht ihr dank des kleinen Knuspers das gewisse Etwas.

Nährwerte pro Portion: 290 kcal; 46,5 g KH; 12,4 g EW; 6,9 g F

Zutaten für 2 Portionen:
- 2 Äpfel
- 100 g Magerquark (alternativ Skyr; s. S. 11)
- 200 g Magermilchjoghurt (s. S. 11)
- 2 gestrichene TL gemahlener Zimt
- 1 Vanilleschote (alternativ 4 Tropfen Vanille-aroma)
- 30 g Xylit (alternativ Erythrit oder Süßstoff; s. S. 13)
- 20 g Mandelblättchen
- 1 EL Schokoraspel

Zubereitungszeit:
10 Minuten

Zubereitung:

Die Äpfel waschen, vierteln, entkernen und auf der Gemüsereibe raspeln. Die Apfelraspel mit etwa 50 ml Wasser in einen kleinen Topf geben und kurz erwärmen, aber nicht kochen.

Die Raspel in ein feines Sieb abgießen und kurz abtropfen lassen.

Die Apfelraspel mit allen weiteren Zutaten, bis auf die Mandelblättchen und die Schokoraspel, cremig rühren.

Die Mandelblättchen in einer beschichteten Pfanne ohne Fett bei mittlerer Hitze kurz anrösten. In eine Schüssel umfüllen und leicht abkühlen lassen.

Die Quarkmischung auf zwei Schalen verteilen, mit den gerösteten Mandeln sowie den Schokoraspeln bestreuen und rasch loslöffeln!

Jackys Tipp: Im Winter, besonders zur Weihnachtszeit, passen auch köstliche selbst gebackene Kekse hervorragend als Topping für die Quark-Bowl. Einfach die Kekse in der Hand zerbröseln und den Quark damit bestreuen. Alternativ ist Granola (Rezept s. S. 152/153) ebenfalls ein tolles Topping.

Kürbissuppe

köstlicher Klassiker

Erst vor wenigen Jahren habe ich den Kürbis für mich entdeckt und am allerliebsten esse ich ihn als cremige Suppe. Damit sie noch etwas cremiger wird, rühre ich ab und an nach dem Kochen etwas Crème légère oder saure Sahne unter und toppe die Suppe vor dem Servieren mit einigen Tropfen Kürbiskernöl.

Nährwerte pro Portion: 250 kcal; 48,8 g KH; 7,1 g EW; 1,6 g F

Zutaten für 2 Portionen:
- 1 Hokkaidokürbis (400 g)
- 200 g mehligkochende Kartoffeln
- 150 g Möhren
- 1 Zwiebel
- 1 Knoblauchzehe
- 400 ml Gemüsebrühe (Rezept s. S. 15)
- Salz
- frisch gemahlener Pfeffer

*Zubereitungszeit:
40 Minuten*

Zubereitung:

Den Kürbis waschen, halbieren und die Kerne mit einem Löffel herauskratzen. Die Hälften mit der Schale in Würfel schneiden.

Die Kartoffeln und die Möhren waschen, schälen und würfeln, die Zwiebel und die Knoblauchzehe schälen und in kleine Würfel schneiden.

Die vorbereiteten Zutaten mit der Gemüsebrühe in einem Topf aufkochen und etwa 25 Minuten garen. Gegen Ende der Garzeit die Kürbis- und Kartoffelstücke mit einer Gabel einstechen – wenn sie einfach wieder von der Gabel gleiten, sind sie fertig. Ansonsten die Kochzeit um einige Minuten verlängern.

Die Suppe mit dem Stabmixer pürieren, dann mit Salz und Pfeffer abschmecken.

Die cremige Kürbissuppe auf tiefen Tellern anrichten und genüsslich loslöffeln!

Jackys Tipp: Die Kürbissuppe hält sich im Kühlschrank drei bis vier Tage, kann aber auch portionsweise eingefroren werden. Anstelle von Hokkaidokürbis kann auch eine andere Sorte, zum Beispiel Butternut oder Sweet Mama, verwendet werden. Diese Sorten dann aber vor der Verwendung schälen.

Bohnen-One-Pot

schneller Pastatopf

One-Pot-Pasta ist mein absoluter Feierabend- und Meal-Prep-Liebling, da die Zubereitung so unkompliziert ist. Ich koche gerne gleich zwei Portionen davon, damit ich am nächsten Tag noch eine mit zur Arbeit nehmen kann.

Nährwerte pro Portion: 441 kcal; 64,2 g KH; 26,8 g EW; 5,7 g F

Zutaten für 2 Portionen:
- 150 g Kidneybohnen (Dose)
- 100 g Prinzessbohnen
- 1 Zwiebel
- 1 TL Rapsöl
- 140 g Vollkornnudeln
- 300 ml Gemüsebrühe (Rezept s. S. 15)
- 200 ml passierte Tomaten
- 150 g Frischkäse light (alternativ Crème légère; s. S. 11)
- Salz
- frisch gemahlener Pfeffer

Zubereitungszeit: 25 Minuten

Zubereitung:

Die Kidneybohnen in ein Sieb abgießen, kurz abspülen und abtropfen lassen. Die Prinzessbohnen waschen. Die Zwiebel schälen und in feine Würfel schneiden.

Das Öl in einer Pfanne mit hohem Rand oder einem Topf erhitzen und die Zwiebelwürfel darin bei mittlerer Hitze glasig anschwitzen.

Alle übrigen Zutaten hinzugeben und die One-Pot-Pasta so lange kochen, bis die Nudeln bissfest sind. Dabei regelmäßig durchrühren. Sollte die Flüssigkeit schon vor Ende der Garzeit zu stark verkocht sein, etwas mehr Gemüsebrühe angießen.

Den Bohnen-One-Pot mit Salz und Pfeffer abschmecken, auf Teller verteilen und sich schmecken lassen!

Jackys Tipp: Sollte die One-Pot-Pasta am nächsten Tag etwas zu trocken wirken, einfach ein paar Esslöffel passierte Tomaten mit der Portion erwärmen. Als Topping bestreue ich meine Pasta gerne mit etwas Grana Padano (s. S. 11).

161

Weißkohl-Hackfleisch-Pfanne

herzhafte Leckerbissen

Kohl ist sehr gesund und hat einen hohen Gehalt an Vitamin C. Im Winter kommt er darum häufig auf meinen Teller, und dann mag ich ihn am liebsten in Verbindung mit Hackfleisch. Dieses Rezept ist für mich eine richtige Köstlichkeit und dank der einfachen Zubereitung schön unkompliziert.

Nährwerte pro Portion: 449 kcal; 16,9 g KH; 32,1 g EW; 26,2 g F

Zutaten für 2 Portionen:
- 500 g Weißkohl
- 1 Zwiebel
- 1 EL Rapsöl
- 250 g Rinderhackfleisch (alternativ Tatar oder veganes Hack)
- 4 EL Tomatenmark
- 350 ml Gemüsebrühe (Rezept s. S. 15)
- 2 Stängel glatte Petersilie
- 1 gestrichener TL Paprikapulver edelsüß
- Salz
- frisch gemahlener Pfeffer
- 60 g Magermilchjoghurt (alternativ saure Sahne; s. S. 11)

Zubereitungszeit:
35 Minuten

Zubereitung:
Die äußeren Blätter von dem Kohl entfernen, einen ganzen Kopf längs halbieren, den Strunk mit einem spitzen Messer herausschneiden und die Hälften in kleine Stücke schneiden. Die Zwiebel schälen und in feine Würfel schneiden.

Das Öl in einer Pfanne mit hohem Rand oder einem Topf erhitzen und die Zwiebelwürfel darin bei mittlerer Hitze glasig anschwitzen. Das Rinderhackfleisch dazugeben und bei starker Hitze etwa 2 Minuten krümelig anbraten.

Das Tomatenmark und den Kohl einrühren und 3 Minuten mitbraten.

Den Pfanneninhalt mit der Gemüsebrühe ablöschen und bei geschlossenem Deckel und mittlerer Hitze 20 Minuten garen.

Inzwischen die Petersilie waschen, trocken schütteln und nach Belieben mit oder ohne Stängel fein schneiden.

Die Hackfleischmischung mit Paprikapulver, Salz und Pfeffer abschmecken.

Die Weißkohl-Hackfleisch-Pfanne auf Teller verteilen, mit je 1 Klecks Joghurt toppen und mit Petersilie bestreut servieren. Guten Appetit!

Jackys Tipp: Zur Weißkohl-Hackfleisch-Pfanne passen als Beilage leckere Salzkartoffeln, Reis oder Schupfnudeln.

Linseneintopf

deftiger Klassiker

Ein deftiger Eintopf ist genau das Richtige, wenn es draußen kalt ist. Den Linseneintopf kann man zwei bis drei Tage im Voraus zubereiten – gut durchgezogen schmeckt er am Folgetag sogar noch besser. Darüber hinaus lässt er sich wunderbar einfrieren.

Nährwerte pro Portion: 330 kcal; 37,8 g KH; 24,1 g EW; 6,0 g F

Zutaten für 2 Portionen:
- ½ Zwiebel
- 1 TL Rapsöl
- 75 g magere Katenschinkenwürfel (alternativ durchwachsene Speckwürfel)
- 75 g festkochende Kartoffeln
- ½ Bund Suppengemüse (250 g; Lauch, Sellerie, Möhre, Petersilie)
- 750 ml Gemüsebrühe (Rezept s. S. 15)
- 50 g rote Linsen
- 50 g gelbe Linsen
- Salz
- frisch gemahlener Pfeffer

Zubereitungszeit:
35 Minuten

Zubereitung:

Die Zwiebel schälen und in feine Würfel schneiden.

Das Öl in einem großen Topf erhitzen und die Zwiebelwürfel darin mit den Schinkenwürfeln bei mittlerer Hitze anschwitzen, bis die Zwiebelstücke glasig sind.

In der Zwischenzeit die Kartoffeln schälen und in Würfel schneiden. Das Suppengemüse nach Bedarf waschen oder schälen. Den Lauch in feine Ringe schneiden, den Sellerie und die Möhre würfeln. Die Petersilie für später beiseitelegen.

Die Gemüsebrühe, das geschnittene Gemüse und die beiden Linsensorten in den Topf geben, mit je 1 Prise Salz und Pfeffer würzen und bei mittlerer Hitze 25–30 Minuten abgedeckt köcheln. Dabei hin und wieder umrühren, damit der Eintopf nicht anbrennt.

Inzwischen die Petersilie waschen, trocken schütteln und fein schneiden. Den Eintopf mit Salz und Pfeffer abschmecken.

Den Linseneintopf auf tiefe Teller verteilen, mit der Petersilie bestreuen und genussvoll loslöffeln!

Jackys Tipp: Für die vegane Variante einfach die Katenschinkenwürfel weglassen. Wer Lust auf mehr Fleischeinlage hat, kann im Eintopf gegen Ende der Garzeit ganz klassisch ein Paar (fettreduzierte) Wiener Würstchen oder Mettwürstchen heiß ziehen lassen.

Rosenkohl-Gnocchi

ruckzuck satt

Schneller kann ein Mittagessen nicht fertig sein – und wenn es dann auch noch so lecker wie dieses ist, kann der Tag eigentlich kaum noch schiefgehen. Ich liebe angebratenen Rosenkohl sehr, da er dadurch ein tolles Röstaroma erhält.

Nährwerte pro Portion: 487 kcal; 38,4 g KH; 19,4 g EW; 26,1 g F

Zutaten für 2 Portionen:
- 350 g Rosenkohl
- Salz
- 1 EL Rapsöl
- 180 g Gnocchi (Kühlregal)
- 150 g Crème légère (alternativ saure Sahne; s. S. 11)
- 50 g geriebener Mozzarella (s. S. 11)
- frisch gemahlener Pfeffer

Zubereitungszeit: 15 Minuten

Zubereitung:
Den Rosenkohl putzen und die äußeren Blätter sowie den Stielansatz entfernen, dann die Köpfe waschen.

In einem Topf 500 ml Salzwasser aufkochen und den Rosenkohl darin 5–6 Minuten bei mittlerer Hitze garen – nicht länger, sonst werden die Köpfe zu weich.

Den Rosenkohl aus dem Salzwasser heben und kurz abtropfen lassen. Die Köpfe je nach Größe halbieren oder vierteln.

Das Öl in einer Pfanne erhitzen und die Rosenkohlstücke darin mit den Gnocchi bei mittlerer bis starker Hitze 5 Minuten anbraten.

Die Crème légère und den geriebenen Mozzarella einrühren. Mit Salz und Pfeffer abschmecken.

Die Gnocchi mit dem Rosenkohl auf Teller verteilen und sich schmecken lassen!

Jackys Tipp: Wer etwas mehr Zeit hat, kann natürlich auch selbst gemachte Gnocchi verwenden.

Gefüllter Butternut

Couscous trifft Feta

Während der kalten Jahreszeit ist die Auswahl an Kürbissorten groß
und in meiner Küche darf dann auch ein Butternut nicht fehlen. Er hat
ein süßes, nussiges Aroma und schmeckt mir aus dem Ofen am besten.
Mit leckerer Couscousfüllung wird daraus ein köstliches Abendessen.

Nährwerte pro Portion: 537 kcal; 77,2 g KH; 19,1 g EW; 12,6 g F

Zutaten für 2 Portionen:
- 1 kg Butternutkürbis
- 1 Knoblauchzehe
- 1 EL Rapsöl
- Salz
- frisch gemahlener Pfeffer
- 100 g Couscous
- 160 ml Gemüsebrühe (Rezept s. S. 15)
- 80 g Feta light (s. S. 11)
- 4 Stängel glatte Petersilie

Außerdem:
- Auflaufform

*Zubereitungszeit:
15 Minuten +
45–50 Minuten Backen*

Zubereitung:

Den Ofen auf 180 °C Umluft vorheizen. Inzwischen den Kürbis waschen, halbieren, entkernen und das Fruchtfleisch auf der Innenseite der Hälften kreuzweise einschneiden. Den Knoblauch schälen und in feine Würfel schneiden.

Das Öl in einer kleinen Schüssel mit dem Knoblauch sowie je 1 Prise Salz und Pfeffer verrühren. Die Innenseite der Kürbishälften mit dem Würzöl bestreichen, dann die Hälften mit der Schnittfläche nach oben in eine Auflaufform passender Größe legen und im heißen Ofen 45–50 Minuten weich garen.

Währenddessen den Couscous mit der Gemüsebrühe in einem Topf aufkochen und bei niedriger Hitze einige Minuten quellen lassen, bis die Körner die Gemüsebrühe vollständig aufgenommen haben. Den Topf vom Herd ziehen.

Den Feta mit Küchenpapier abtupfen und in kleine Stücke bröseln, dann unter den Couscous mischen. Die Petersilie waschen, trocken schütteln, nach Belieben mit oder ohne Stängel fein schneiden und ebenfalls unter die Couscousmischung heben. Mit Salz und Pfeffer abschmecken.

Gegen Ende der Garzeit die Kürbishälften mit einer Gabel einstechen – lässt sie sich einfach wieder herausziehen, ist das Kürbisfleisch gar. Ansonsten die Backzeit um einige Minuten verlängern.

Den Ofenkürbis mit der Couscousmischung füllen und noch heiß genießen!

Jackys Tipp: Besonders gut schmeckt die Couscousfüllung, wenn sie mit Käse überbacken ist. Hierzu in den letzten zehn Minuten im Ofen den Kürbis mit dem Couscous füllen, mit Reibekäse bestreuen und mitbacken.

Putengulasch

köstliche Kindheitserinnerung

Gulasch erinnert mich immer an das Sonntagsessen bei meiner Oma – herrlich! Das Tolle an Gulasch ist, dass es am zweiten oder dritten Tag gut durchgezogen sogar noch besser schmeckt. Das macht das Gulasch nicht nur zur kulinarischen Kindheitserinnerung, sondern auch zum perfekten Meal-Prep-Gericht.

Nährwerte pro Portion: 439 kcal; 12,6 g KH; 47,5 g EW; 19,4 g F

Zutaten für 2 Portionen:
- 300 g Putenfleisch
- 1 Zwiebel
- 1 EL Rapsöl
- 2 EL Tomatenmark
- 1 TL Paprikapulver edelsüß
- Salz
- frisch gemahlener Pfeffer
- 400 g gehackte Tomaten (Dose)
- 100 ml Gemüsebrühe (Rezept s. S. 15)
- 2 Stängel glatte Petersilie

Zubereitungszeit:
35 Minuten

Zubereitung:

Das Putenfleisch mit einem Küchenpapier abtupfen und in 2 × 2 cm große Würfel schneiden. Die Zwiebel schälen und in feine Würfel schneiden.

Das Öl in einer Schmorpfanne erhitzen und die Fleischstücke darin bei starker Hitze rundherum scharf anbraten. Die Stücke wieder aus der Pfanne nehmen und beiseitestellen.

Die Zwiebelwürfel in die Pfanne geben und im Bratfett bei mittlerer Hitze glasig anschwitzen.

Das Fleisch wieder hinzufügen, das Tomatenmark, das Paprikapulver sowie je 1 Prise Salz und Pfeffer einrühren. Die gehackten Tomaten dazugeben und die Brühe angießen, alles aufkochen, den Deckel auflegen und das Gulasch bei niedriger Hitze 20 Minuten schmoren.

Gegen Ende der Garzeit testen, ob das Fleisch schön weich ist. Ansonsten die Kochzeit um einige Minuten verlängern. Noch einmal mit Salz und Pfeffer abschmecken.

Die Petersilie waschen, trocken schütteln und nach Belieben mit oder ohne Stängel fein schneiden.

Das Gulasch auf Teller verteilen, mit der Petersilie garnieren und sich schmecken lassen!

Jackys Tipp: Zum Gulasch passen Spätzle oder Salzkartoffeln sowie ein leckerer Gurkensalat (Rezept s. S. 86/87, ohne den Lachs zubereitet) oder sanft gegartes Gemüse.

Winterknollensuppe

Rote Bete trifft Pastinake

Dass ich insbesondere im Winter ein absoluter Suppenfan bin, habe ich ja schon erwähnt. Die Tatsache, dass man sie gut auf Vorrat zubereiten kann, macht Suppen zu einer Allzeitwaffe und (m)einem leckeren Rettungsanker gegen spontane Hungerattacken. Die Pastinaken geben der Rote-Bete-Suppe übrigens ein kräftig-würziges Aroma – sehr lecker, sage ich euch!

Nährwerte pro Portion: 183 kcal; 31,9 g KH; 4,8 g EW; 2,6 g F

Zutaten für 2 Portionen:
- 200 g Rote Bete
- 200 g mehligkochende Kartoffeln
- 120 g Pastinaken
- 300 ml Gemüsebrühe (Rezept s. S. 15)
- 4 Schnittlauchhalme
- Salz
- frisch gemahlener Pfeffer
- 30 g Crème légère

Zubereitungszeit: 35 Minuten

Zubereitung:
Die Rote Bete, die Kartoffeln und die Pastinaken waschen, schälen und in kleine Würfel schneiden.

Die Gemüsewürfel mit der Gemüsebrühe in einen Topf geben, aufkochen und etwa 20 Minuten weich garen. Gegen Ende der Garzeit das Gemüse mit einer Gabel einstechen – wenn die Stücke einfach wieder von der Gabel gleiten, sind sie fertig. Ansonsten die Kochzeit um einige Minuten verlängern.

Den Schnittlauch waschen, trocken schütteln und in feine Röllchen schneiden.

Die Suppe mit dem Stabmixer pürieren. Mit Salz und Pfeffer abschmecken.

Die Wintersuppe auf Teller verteilen, mit je 1 Klecks Crème légère toppen und mit dem Schnittlauch bestreut servieren. An die Löffel, fertig, los. Guten Appetit!

Jackys Tipp: Wer Suppen gerne stückig mag, einfach vor dem Pürieren eine Suppenkelle Gemüse entnehmen, den Rest pürieren und das gewürfelte Gemüse wieder zurück in die Suppe geben.

Steinpilzknödel

zauberhaft gefüllt

Gewöhnliche Knödel waren gestern. Wie wäre es stattdessen mit gefüllten Knödeln? Köstlich, sage ich euch! Man kann sie entweder so essen, aber auch noch mit Gemüse oder leckerem Gulasch (Rezept s. S. 170/171) kombinieren.

Nährwerte pro Portion: 522 kcal; 63,9 g KH; 14,1 g EW; 20,3 g F

Zutaten für 2 Portionen:
- 500 g mehligkochende Kartoffeln
- Salz
- 200 g Steinpilze
- 1 Zwiebel
- 1 EL Rapsöl
- 30 g Halbfettbutter (alternativ Halbfettmargarine; s. S. 11)
- frisch gemahlener Pfeffer
- 50 g Speisestärke
- 2 Eigelb
- 2 Stängel glatte Petersilie

Außerdem:
- Kartoffelstampfer

Zubereitungszeit: 45 Minuten

Zubereitung:

Die Kartoffeln mit der Schale gründlich waschen, in einem Topf mit Salzwasser aufkochen und etwa 20 Minuten weich garen. Inzwischen die Pilze putzen, bei Bedarf mit Küchenpapier trocken abreiben und in kleine Stücke schneiden. Die Zwiebel schälen und in feine Würfel schneiden.

Das Öl in einer Pfanne erhitzen und die Zwiebel darin mit den Pilzen bei mittlerer bis starker Hitze 5 Minuten anbraten. In dieser Zeit die Halbfettbutter in einem kleinen Topf bei niedriger Hitze zerlassen. Die Pfanne und den Buttertopf vom Herd ziehen. Die Pilzmasse mit Salz und Pfeffer würzen und abkühlen lassen.

Die Kartoffeln abgießen und kurz ausdampfen lassen, noch heiß schälen und fein zerstampfen. Die Masse in einer Schüssel mit der Speisestärke, den Eigelben, der zerlassenen Butter sowie 1 Prise Salz verkneten.

Den Kloßteig in 6 gleich große Portionen teilen und im Handteller zu kleinen Fladen formen. Die Steinpilzmasse in die Mitte der Fladen setzen, die Ränder darüber zusammenschlagen und vorsichtig zu runden Knödeln formen.

In einem großen Topf reichlich Salzwasser aufkochen, die Knödel mit einem Schaumlöffel hineingleiten lassen und bei niedriger Hitze 13–15 Minuten ziehen lassen, bis sie an die Oberfläche steigen. Die Knödel mit dem Schaumlöffel aus dem Kochwasser heben und abtropfen lassen.

Die Petersilie waschen, trocken schütteln und mit oder ohne Stängel fein schneiden. Die Knödel auf Tellern anrichten und mit der Petersilie bestreut servieren.

Jackys Tipp: Anstelle von Steinpilzen können die Knödel auch mit Hackfleisch gefüllt werden. Für klassische Knödel die Füllung einfach weglassen.

Kartoffelstampf

auf Rotkohl gebettet

Die Kombination aus Rotkohl, Kartoffeln und Schmorzwiebeln ist so wunderbar herzhaft und lecker – ich liebe sie! Und weil man von Dingen, die man liebt, selten genug bekommen kann, bereite ich den Rotkohl häufig auf Vorrat zu und friere ihn portionsweise ein.

Nährwerte pro Portion: 389 kcal; 54,1 g KH; 7,7 g EW; 15,7 g F

Zutaten für 2 Portionen:

Für den Rotkohl:
- 500 g Rotkohl
- 1 EL Rapsöl
- 2 EL weißer Balsamico-Essig
- 1 EL Xylit (alternativ Erythrit oder Süßstoff; s. S. 13)
- 2 Lorbeerblätter
- Salz
- frisch gemahlener Pfeffer

Für den Kartoffelstampf:
- 300 g vorwiegend fest-kochende Kartoffeln
- Salz

Für die Schmorzwiebeln:
- 2 Zwiebeln
- 1 EL Rapsöl
- 1 TL Xylit (alternativ Erythrit oder Süßstoff; s. S. 13)
- Salz

Außerdem:
- Kartoffelstampfer

Zubereitungszeit: 60 Minuten

Zubereitung:

Für den Rotkohl den Kohlkopf vierteln, den Strunk entfernen und die Viertel in Streifen oder kleine Stücke schneiden. Das Öl in einem Topf erhitzen und die Kohlstreifen darin bei mittlerer Hitze 3 Minuten anschwitzen.

Den Essig, das Xylit, die Lorbeerblätter sowie je 1 Prise Salz und Pfeffer dazugeben, den Deckel auflegen und den Rotkohl bei niedriger Hitze 50 Minuten garen.

Inzwischen für den Stampf die Kartoffeln schälen, waschen und in Stücke schneiden. Die Stücke in einem Topf mit Salzwasser bedecken, aufkochen und etwa 20 Minuten weich garen. Gegen Ende der Garzeit die Kartoffelstücke mit einer Gabel einstechen – wenn sie einfach wieder von der Gabel gleiten, sind sie fertig. Ansonsten die Kochzeit um einige Minuten verlängern.

Während die Kartoffeln garen, für die Schmorzwiebeln die Zwiebeln schälen, halbieren und in dünne Ringe schneiden. Das Öl in einer beschichteten Pfanne erhitzen und die Zwiebeln darin bei niedriger bis mittlerer Hitze schön langsam goldbraun schmoren, dabei mit dem Xylit sowie 1 guten Prise Salz bestreuen.

Die Kartoffeln abgießen und im Topf kurz ausdampfen lassen, dann mit dem Kartoffelstampfer grob zerkleinern.

Den Rotkohl mit den Stampfkartoffeln und den Schmorzwiebeln auf Tellern anrichten und sich ganz rasch schmecken lassen!

Jackys Tipp: Für ein besonders würziges Aroma empfehle ich 200 Gramm Pastinaken im Kartoffelstampf. Diese schälen, mit den Kartoffeln garen und ebenfalls stampfen.

Herzhafte Waffeln

Feingebäck deftig gemacht

Auch wenn ich mich selbst eher als »süße Snackschnute« bezeichnen würde, darf die kleine Mahlzeit zwischendurch hin und wieder natürlich auch herzhaft sein – aber nur, wenn sie so lecker ist wie zum Beispiel diese köstlichen Waffeln.

Nährwerte pro Stück: 156 kcal; 13,8 g KH; 12,4 g EW; 5,3 g F

Zutaten für 6 Stück:
- 2 Stängel Petersilie
- 100 g Weizenmehl Type 405
- 2 Eier (Größe M)
- 2 gestrichene TL Backpulver
- 100 g Magerquark (alternativ Skyr; s. S. 11)
- 1 TL Halbfettbutter (alternativ Halbfettmargarine; s. S. 11)
- 50 g geriebener Mozzarella (s. S. 11)
- 100 g magere Katenschinkenwürfel (alternativ durchwachsene Speckwürfel)
- Bacon-Salz (s. S. 15)
- frisch gemahlener Pfeffer

Außerdem:
- Waffeleisen
- Fett für das Waffeleisen (nach Bedarf)

Zubereitungszeit:
10 Minuten +
10 Minuten Backen

Zubereitung:
Das Waffeleisen vorheizen und bei Bedarf leicht einfetten.

Die Petersilie waschen, trocken schütteln, die Blätter abzupfen und fein schneiden.

Die Petersilie mit den übrigen Zutaten sowie je 1 Prise Bacon-Salz und Pfeffer in einer Rührschüssel mit den Quirlen des Handrührgeräts zu einem glatten Teig verarbeiten.

Den Teig im heißen Waffeleisen portionsweise zu außen krossen, innen fluffigen Waffeln ausbacken und ganz schnell oder später wegschlemmen!

Jackys Tipp: Für den »süßen Zahn« gibt es natürlich auch eine süße Waffelvariante. Dafür zu der Prise Salz 50 Gramm Erythrit oder Xylit hinzufügen und die herzhaften Zutaten sowie den Pfeffer weglassen. Am nächsten Tag kurz aufgetoastet, schmecken diese Waffeln herzhaft oder süß immer noch köstlich.

179

Stollenkonfekt

kleiner Wintertraum

Ein Stollen ist DAS Wintergebäck, welches bei sehr vielen den vorweih-
nachtlichen Esstisch ziert. Ich bin kein großer Fan der klassischen Variante, aber vom Stollenkonfekt könnte ich – vor allem, wenn es gerade frisch
aus dem Ofen kommt – gleich einen ganzen Teller verputzen.

Nährwerte pro Stück: 50 kcal; 6,5 g KH; 1,8 g EW; 1,9 g F

Zutaten für 48 Stück:
- 80 g weiche Halbfett-
  butter (alternativ Halbfettmargarine; s. S. 11)
- 50 g Xylit (alternativ
  Erythrit oder Süßstoff;
  s. S. 13)
- 1 Prise Salz
- 250 g Magerquark (al-
  ternativ Skyr; s. S. 11)
- 1 Ei (Größe M)
- 250 g Weizenmehl
  Type 405
- 2 gestrichene TL
  Backpulver
- 1 TL gemahlener Zimt
- 80 g getrocknete, un-
  gezuckerte Cranberrys
  (alternativ Datteln oder
  Rosinen)
- je 50 g gehackte und
  gemahlene Mandelkerne
- Abrieb von je 1 Bio-
  Zitrone und -Orange
- ½ Fläschchen Bitter-
  mandel- oder Rum-
  aroma
- 80 g Pudererythrit
  (s. S. 12/13)

Zubereitungszeit:
20 Minuten +
15 Minuten Backen

Zubereitung:
Den Ofen auf 170 °C Umluft vorheizen.

Die weiche Butter mit dem Xylit und dem Salz in einer Rührschüssel mit den Quirlen des Handrührgeräts cremig rühren. Den Quark und das Ei einrühren, dann die
Quirle des Handrührgeräts durch Knethaken ersetzen.

Mehl, Backpulver und Zimt vermischen, in den Teig sieben und mit den Knethaken
des Handrührgeräts untermischen. Die Cranberrys grob zerkleinern, dann mit den
beiden Mandelsorten, den Zitrusabrieben und dem Bittermandel- oder Rumaroma
unterkneten.

Den Teig auf der Arbeitsfläche zu drei gleich großen, knapp 2 cm dicken Strängen
ausrollen, die Stränge in 1,5 cm dicke Stücke schneiden und nach Belieben Kugeln
daraus formen.

Das Stollenkonfekt auf einem mit Backpapier ausgelegten Blech verteilen und im
heißen Ofen 15 Minuten backen.

Das Stollenkonfekt direkt nach dem Backen noch heiß in Pudererythrit wälzen und
Stückchen für Stückchen genießen!

Jackys Tipp: Sollte der Pudererythrit schmelzen, das Stollenkonfekt direkt vor dem Verzehr noch einmal mit etwas mehr davon bestreuen. Das
Stollenkonfekt in einer luftdichten Dose aufbewahren, so hält es sich
knapp zwei Wochen. So lecker, wie es ist, bezweifle ich aber, dass bis da-
hin noch etwas übrig sein wird.

Blog Liebling

Nussecken

fein und fruchtig

Wer kann bei diesem Klassiker unter den Feingebäcken schon »Nein« sagen? Ich definitiv nicht! Die Nussecken beim Bäcker sind köstlich, enthalten aber viel Zucker und damit zu viele Kalorien. Darum backe ich sie sehr gerne selbst, so weiß ich ganz genau, was drin ist.

Nährwerte pro Stück: 209 kcal; 22,1 g KH; 3,9 g EW; 12,8 g F

Zutaten für 16 Stück:
Für den Teig:
- 80 g weiche Halbfettbutter (s. S. 11)
- 40 g Apfelmark
- 220 g Weizenmehl Type 405
- 1 gestrichener TL Backpulver
- 50 g Xylit (alternativ Erythrit oder Süßstoff; s. S. 13)
- 1 Ei (Größe M)
- 50 g zuckerreduzierte Aprikosenmarmelade

Für den Belag:
- 80 g Halbfettbutter (s. S. 11)
- 80 g Xylit (alternativ Erythrit oder Süßstoff; s. S. 13)
- je 100 g gehackte und gemahlene Haselnusskerne
- 20 g Zartbitterschokolade

Zubereitungszeit:
20 Minuten +
22–25 Minuten Backen

Zubereitung:
Den Backofen auf 150 °C Umluft vorheizen.

Für den Teig alle Zutaten, bis auf die Marmelade, in einer Rührschüssel mit den Knethaken des Handrührgeräts zu einem glatten Teig verkneten.

Den Teig auf einem mit Backpapier ausgelegten Blech rechteckig ausrollen (30 × 25 cm), mit den Zinken einer Gabel mehrmals einstechen und mit der Marmelade gleichmäßig bestreichen.

Für den Belag die Halbfettbutter mit dem Xylit in einem Topf bei niedriger Hitze zerlassen. Die beiden Haselnusssorten untermischen, den Topf vom Herd ziehen und die Masse kurz abkühlen lassen.

Die Haselnussmischung auf der Teigplatte verteilen und im heißen Ofen 22–25 Minuten backen. Das Gebäck aus dem Ofen nehmen, noch heiß zu Nussecken schneiden und abkühlen lassen.

Inzwischen die Schokolade grob raspeln und über einem heißen Wasserbad schmelzen.

Die flüssige Schokolade nach Belieben auf den Nussecken verteilen, kurz wieder fest werden lassen und drauflosknuspern!

Jackys Tipp: Wenn der Teig beim Ausrollen noch zu sehr klebt, ihn kurz zu einer Kugel geformt im Kühlschrank kalt stellen oder etwas mehr Mehl unterkneten.

Käsekuchen

traumhaft simpel

Da dieser leckere und cremige Käsekuchen ohne Boden auskommt, ist er ruckzuck fertig. Das macht ihn sehr unkompliziert in der Zubereitung und es wird noch besser: Er schmeckt auch noch am zweiten und dritten Tag sehr gut. Da ich Käsekuchen gerne lauwarm esse, stelle ich mein Stückchen vor dem Essen 30 Sekunden in die Mikrowelle – köstlich.

Nährwerte pro Stück: 186 kcal; 22,2 g KH; 10,9 g EW; 8,6 g F

Zutaten für 8 Stück:
- 3 Eier (Größe M)
- 1 Vanilleschote (alternativ 5 Tropfen Vanillearoma)
- 1 Prise Salz
- 130 g Xylit (alternativ Erythrit oder Süßstoff; s. S. 13)
- Abrieb von 1 Bio-Zitrone
- ½ Päckchen Backpulver (8 g)
- 500 g Magerquark (s. S. 11)
- 30 g Weichweizengrieß
- 130 g Halbfettmargarine (s. S. 11)

Außerdem:
- Springform (Ø 24 cm)
- Backpapier oder Halbfettmargarine für die Form

*Zubereitungszeit:
10 Minuten +
50–55 Minuten Backen*

Zubereitung:
Den Backofen auf 160 °C Umluft vorheizen.

Die Eier vorsichtig aufschlagen, dabei Eigelb und Eiweiß voneinander trennen. Die Vanilleschote mit einem spitzen Messer längs aufschneiden und das Mark mit dem Messerrücken herauskratzen.

Die Eiweiße und 1 Prise Salz mit den Quirlen des Handrührgeräts steif schlagen.

Die Eigelbe, das Vanillemark und alle übrigen Zutaten in einer Rührschüssel mit den Quirlen des Handrührgeräts cremig verrühren, dann den Eischnee vorsichtig unterheben.

Die Backform mit Backpapier auskleiden oder mit Halbfettmargarine einfetten. Den Teig gleichmäßig in der Form verteilen und den Kuchen im heißen Ofen 50–55 Minuten backen. Wird der Kuchen währenddessen zu dunkel, einen Streifen Alufolie auflegen und weiterbacken. Nach 50 Minuten die Stäbchenprobe durchführen. Dazu mit einem Holzspieß in die Mitte des Kuchens stechen – sollte daran noch Teig kleben, die Backzeit um weitere 3–5 Minuten verlängern.

Den Backofen ausschalten und den Kuchen vor dem Herausnehmen zunächst 15 Minuten im Ofen auskühlen lassen. Den vollständig ausgekühlten Käsekuchen in Stücke schneiden und genießen!

Jackys Tipp: Wer es gerne fruchtig mag, kann vor dem Backen Mandarinenscheiben oder andere Obstsorten nach Wahl auf den Kuchen legen.

Weihnachtsplätzchen

himmlisch weihnachtlich

In der Weihnachtsbäckerei gibt es manche Leckerei, das weiß nicht nur ein gerne gesungenes Kinderlied! Köstliche Plätzchen sind während der Weihnachtszeit ein Muss, vor allem, weil die Zubereitung mich so richtig in Weihnachtsstimmung bringt. Hierzu die »Best of«-Weihnachtsplaylist laufen lassen und laut mitsingen.

Nährwerte pro Stück: 96 kcal; 9,9 g KH; 1,6 g EW; 6,3 g F

Zutaten für 25 Stück:
- 150 g gemahlene Haselnusskerne
- 150 g Weizenmehl Type 405
- 120 g Xylit (alternativ Erythrit oder Süßstoff; s. S. 13)
- 1 Prise Salz
- 1 Vanilleschote (alternativ 5 Tropfen Vanillearoma)
- 150 g weiche Halbfettmargarine (s. S. 11)

Zubereitungszeit:
10 Minuten +
30 Minuten Kühlen +
10–12 Minuten Backen

Zubereitung:

Die Haselnusskerne, das Mehl, das Xylit und das Salz in einer Rührschüssel vermischen. Die Vanilleschote mit einem spitzen Messer längs aufschneiden und das Mark mit dem Messerrücken herauskratzen.

Das Vanillemark und die Halbfettmargarine zur Mehlmischung geben und alles mit den Knethaken des Handrührgeräts zu einem glatten Teig verkneten. Den Teig zu einer Kugel formen und in Frischhaltefolie gewickelt im Kühlschrank 30 Minuten kalt stellen.

Inzwischen den Backofen auf 160 °C Umluft vorheizen.

Den Teig zu einem langen Strang formen und in 25 gleich große Stücke schneiden. Die Stücke zu Kugeln rollen, auf einem mit Backpapier ausgelegten Blech mit ausreichend Abstand zueinander zu 1 cm dicken Talern flach drücken und im heißen Ofen 10–12 Minuten backen.

Die Plätzchen aus dem Ofen nehmen und auf dem Backblech abkühlen lassen, wo sie auch noch nachhärten. Fröhliche Weihnachten und lustiges Losknuspern!

Jackys Tipp: Als Topping eignet sich zum Beispiel eine ganze Haselnuss sehr schön, die vor dem Backen leicht in die Mitte des Talers gedrückt wird. Nach dem Backen kann man die Plätzchen auch mit etwas Pudererythrit (s. S. 12/13) bestreuen. In einer Metalldose aufbewahrt, halten sie sich theoretisch drei bis vier Wochen.

Rezepte – Menügänge

Rezepte A–Z

Ein dickes Dankeschön!

In erster Linie möchte ich mich bei euch, meiner Instagram Community, meinen Followern, Lesern und Inputgebern bedanken. Ohne euren Support wäre dieses Buch nicht möglich geworden. Danke, dass nun auch mein Kochbuch in eure Küche einziehen darf. Danke an meinen Verlobten Marcel dafür, dass du meine Speisen gekostet, mich bei diesem tollen Projekt unterstützt hast und immer für mich da warst. Danke an meine Eltern und Schwiegereltern, die ebenfalls gekostet haben und mir hier und da mit konstruktiver Kritik geholfen haben, den besten Geschmack in die Rezepte zu bringen. Danke an meine Nachbarn, Freunde und Freundinnen, ohne die wir die Menge an Essen ganz sicher nicht geschafft hätten. Ebenfalls ein großes Dankeschön an meine Kooperationspartner für ihre Unterstützung. Und zu guter Letzt auch ein großes Dankeschön an den Südwest Verlag. Ohne euch wäre dieses Meisterwerk vielleicht gar nicht entstanden.

Impressum

1. Auflage 2021

© 2021 by Südwest Verlag, einem Unternehmen der Penguin Random House Verlagsgruppe GmbH, Neumarkter Straße 28, 81673 München

Die Verwertung der Texte und Bilder, auch auszugsweise, ist ohne Zustimmung des Verlags urheberrechtswidrig und strafbar. Dies gilt auch für Vervielfältigungen, Übersetzungen, Mikroverfilmung und für die Verarbeitung mit elektronischen Systemen.

Sollte diese Publikation Links auf Webseiten Dritter enthalten, so übernehmen wir für deren Inhalte keine Haftung, da wir uns diese nicht zu eigen machen, sondern lediglich auf deren Stand zum Zeitpunkt der Erstveröffentlichung verweisen.

Hinweis
Die Ratschläge/Informationen in diesem Buch sind von Autorin und Verlag sorgfältig erwogen und geprüft, dennoch kann eine Garantie nicht übernommen werden. Eine Haftung der Autorin bzw. des Verlags und seiner Beauftragten für Personen-, Sach- und Vermögensschäden ist ausgeschlossen.

Projektleitung: Sarah Gast
Bildredaktion: Sabine Kestler
Foodfotografie und Foodstyling: Jacky Malina
Peoplebilder: Marcel Payk
Grafiken/Illustrationen: shutterstock/Anastasiia Veretennikova, Kate Macate, Deemak Daksina, Rvector, Mallinka1, Dzun, Seite 7: Jacky Malina
Lektorat: conception & co, Ulrike Kraus, Köln
Korrektorat: Susanne Schneider, München
Umschlaggestaltung, Innenlayout und Satz:
OH, JA! (www.oh-ja.com), München
Herstellung: Elke Cramer
Reproduktion: Mohn Media Mohndruck GmbH, Gütersloh
Druck und Bindung: Firmengruppe APPL, aprinta druck GmbH, Wemding

Printed in Germany

Penguin Random House Verlagsgruppe
FSC ® N001967

ISBN 978-3-517-10080-7
www.suedwest-verlag.de